LES
MOHICANS
DE PARIS

PAR

ALEXANDRE DUMAS

17

PARIS
ALEXANDRE CADOT, ÉDITEUR
37, rue Serpente.

1855

LES MOHICANS DE PARIS

Ouvrages d'Eugène Sue.

La Famille Jouffroy	7 vol.
Mémoires d'un mari	4 vol.
Fernand Duplessis	6 vol.
Gilbert et Gilberte	7 vol.
La marquise d'Alfi	2 vol.
L'Institutrice	4 vol.
Les Enfants de l'Amour	4 vol.

Ouvrages d'Alexandre Dumas.

Les Mohicans de Paris	19 vol.
Catherine Blum	2 vol.
Vie et aventures de la princesse de Monaco	6 vol.
El Saltéador	3 vol.
Souvenirs de 1830 à 1842	6 vol.
Un Gilblas en Californie	2 vol.
Les Drames de la Mer	2 vol.
Le Pasteur d'Ashbourn	8 vol.
Conscience	5 vol.
Olympe de Clèves	9 vol.
La Comtesse de Charny	19 vol.
Le Trou de l'Enfer	4 vol.
Dieu dispose	6 vol.
La Femme au collier de velours	2 vol.
Histoire d'une colombe	2 vol.
Ange Pitou	8 vol.
Le Collier de la reine	11 vol.
Le Véloce	4 vol.
Mariages du père Olifus	5 vol.
Les mille et un fantômes	2 vol.
La Régence	2 vol.
Louis XV	5 vol.
Louis XVI	5 vol.
La comtesse de Salisbury	6 vol.
Page (le) du duc de Savoie	8 vol.
Grands Hommes (les) en robe de chambre	2 vol.

Fontainebleau, Imp. de E. Jacquin.

LES

MOHICANS

DE PARIS

PAR

ALEXANDRE DUMAS

17

PARIS
ALEXANDRE CADOT, ÉDITEUR
37, rue Serpente.
—
1855

1

Communion d'âmes.

Le regard expressif que M. Sarranti avait jeté à l'abbé Dominique, et les quelques mots qu'il avait prononcés au moment de son arrestation, commandaient au pauvre moine la réserve la plus absolue, la suprême discrétion.

D'abord séparé de son père, Dominique s'était élancé dans la direction ascendante de la rue de Rivoli. Là il avait retrouvé un groupe agité, tumultueux, et il avait compris que ce groupe qui s'acheminait rapidement vers les Tuileries, avait pour centre M. Sarranti. En conséquence, il avait suivi, mais de loin, et comme prudemment il devait faire, à cause de son costume, si facile à reconnaître.

En effet, Dominique, à cette époque, était peut-être le seul moine dominicain qui habitât Paris.

Au coin de la rue Saint-Nicaise, le groupe s'arrêta, et du coin de la place des Pyramides, où il était arrivé, Dominique vit celui qui paraissait le chef des agents appeler un fiacre, et, dans ce fiacre accouru à son appel, faire monter M. Sarranti.

Il suivit le fiacre, traversa le Carrousel aussi rapidement que le permettait sa robe, et arriva au guichet du quai des Tuileries, au moment où le fiacre tournait le Pont-Neuf.

Il était évident que la voiture roulait vers la Préfecture de Police.

L'abbé Dominique, en voyant le fiacre disparaître au coin du quai des Lunettes, sentit tout le sang de ses veines affluer à son cœur, et mille pensées sinistres lui monter au cerveau.

Il rentra chez lui anéanti, le corps brisé, l'âme éperdue.

Deux jours et deux nuits passés en diligence, les émotions de toute nature de la journée, l'incertitude des causes qui motivaient l'arrestation de son père, c'était là plus qu'il n'en fallait pour courber le corps le plus robuste, pour dompter l'âme la plus vaillante.

Quand il arriva dans sa chambre, il faisait déjà nuit. Il se jeta sur son lit sans prendre de nourriture, et essaya de prendre quelque repos. Mais mille fantômes s'assirent à son chevet, et au bout d'un quart d'heure, il était debout et marchant précipitamment dans sa chambre, comme si, pour dormir, il avait besoin de briser le reste de force ou plutôt de fièvre qui brûlait en lui.

L'inquiétude le poussa dehors. La nuit venue, sa robe, perdue dans l'obscurité, ne le désignait plus à l'attention générale. Il s'achemina vers cette Préfecture de Police, où s'était en quelque sorte englouti son père.

Gouffre pareil à celui où s'enfonce le plongeur de Schiller, et dont, comme le plongeur, on sort épouvanté des monstres de toute espèce qu'on y a vus.

Cependant il n'osa point se hasarder à y entrer. Si l'on savait que Sarranti était son père, son nom à lui était une dénonciation.

M. Sarranti n'avait-il pas été arrêté sous le nom de Dubreuil, ne valait-il pas mieux le laisser écrouer sous le bénéfice de ce faux nom, qui ne dénonçait pas le conspirateur dangereux et obstiné?

Dominique ignorait encore pour quelle cause son père rentrait en France, mais il devinait bien que c'était pour cette cause à laquelle il avait voué sa vie.

Celle de l'empereur, ou plutôt, l'empereur étant mort, celle de son fils.

Pendant deux heures, le fils erra comme

une ombre autour de ce tombeau du père, allant de la rue Dauphine à la place du Harlay, du quai des Lunettes à la place du Palais-de-Justice, sans espoir de revoir celui qu'il cherchait, car c'eût été un miracle que de heurter la voiture qui le conduisait du dépôt à quelque autre prison. Mais ce miracle, Dieu pouvait le faire, et Dominique, bon, simple et grand, espérait instinctivement en Dieu.

Cette fois, son espoir fut trompé. A minuit, il rentra, se coucha, ferma les yeux, et, épuisé de fatigue, finit par s'endormir.

Mais à peine fut-il endormi que les songes les plus sinistres l'assaillirent. Le cauchemar, comme une chauve-souris gigantesque, plana toute la nuit autour de sa tête, et, quand le jour vint, il se réveilla ; le sommeil, au lieu de réparer ses fatigues, n'avait fait que les augmenter.

Il se leva et essaya de retrouver éveillé les impressions du sommeil. Il lui semblait qu'au milieu de ce chaos orageux, un ange avait passé lumineux et pur.

Un jeune homme était venu à lui, au visage doux et loyal, lui avait tendu la main, et, dans une langue inconnue, et que pourtant il avait comprise, il lui avait dit :

— Appuie-toi sur moi et je te soutiendrai.

Ce visage lui était connu. Seulement où, à quelle époque, dans quelle circonstance l'avait-il vu? Ce personnage était-il même réel, ou n'était-ce qu'un de ces souvenirs vagues que l'on semble conserver d'une vie antérieure, qui ne se révèle à la nôtre que dans l'éclair d'un songe?

N'était-il pas l'incarnation de l'espérance, ce rêve de l'homme éveillé?

Dominique, en essayant de voir clair dans les ténèbres de son cerveau, alla tout pensif s'asseoir près de la fenêtre, sur cette même chaise où il s'était assis la veille pour regarder le tableau de saint Hyacinthe, absent aujourd'hui. Alors la mémoire de Carmélite et de Colomban lui revint au cœur, et, en se souvenant de ses deux amis, il se rappela Salvator.

Salvator, c'était l'ange de sa nuit, c'était le beau jeune homme au visage doux et loyal, qui, debout à son chevet pendant son sommeil, avait écarté de son lit le spectre du désespoir.

Alors, la scène poignante au milieu de laquelle Salvator lui était apparu, repassa tout entière devant ses yeux.

Il se voyait encore assis dans le pavillon de Colomban, au Bas-Meudon, disant lentement les prières des morts, tandis que des larmes descendaient de ses yeux au ciel.

Tout à coup deux jeunes gens étaient entrés dans la chambre mortuaire, tête nue et inclinée.

Ces deux jeunes gens, c'étaient Jean Robert et Salvator.

Salvator, en l'apercevant, avait poussé une espèce de cri joyeux dont il n'eût jamais pu comprendre le sens intime, si Salvator, s'approchant de lui, ne lui eût dit d'une voix à la fois ferme et émue :

— Mon père, sans vous en douter, vous avez sauvé la vie à l'homme qui est devant vous, et cet homme, qui ne vous a jamais vu depuis, qui jamais ne vous a rencontré, vous a voué une profonde reconnaissance.

J'ignore si vous aurez jamais besoin de moi, mais, sur la chose la plus sainte qui ait jamais existé, le corps d'un homme d'honneur qui vient de rendre le dernier soupir, je vous jure que cette vie que je vous dois est à vous.

Et lui Dominique avait répondu :

— J'accepte, monsieur, quoique j'ignore quand et comment j'ai pu vous rendre le service que vous dites, mais les hommes sont frères et mis en ce monde pour s'entr'aider. Donc, quand j'aurai besoin de vous, mon frère, j'irai à vous.

— Votre nom et votre adresse?

On se souvient que Salvator était allé

au bureau de Colomban, avait écrit son nom et son adresse sur un papier qu'il avait présenté au moine, et que le moine avait mis ce papier tout plié dans son livre d'heures.

Il alla vivement à sa bibliothèque, prit le livre sur le second rayon, et trouva le papier à la page où il l'avait déposé.

Alors, comme si la chose se fût passée le jour même, il se rappela le costume, la voix, les traits, les moindres détails de la personne de Salvator, et il reconnut en lui le jeune homme au front doux et au sourire sympathique qu'il avait revu dans son rêve.

— Allons, dit-il, il n'y a pas à hésiter,

et c'est une inspiration de Dieu. Ce jeune homme paraissait bien, je ne sais à quel titre, avec un des agents supérieurs de la police, le même avec lequel je l'ai vu causer encore hier devant l'église de l'Assomption. Par cet agent, il peut savoir pour quelle cause mon père a été arrêté, pas un moment à perdre, courons chez M. Salvator.

Il acheva à la hâte sa toilette monastique.

Au moment où il allait sortir, la concierge entra, tenant d'une main une tasse de lait, de l'autre un journal.

Mais Dominique n'avait le temps, ni de

lire son journal, ni de déjeûner. Il dit à la concierge de déposer le tout sur la console, qu'il allait rentrer sans doute dans une heure ou deux, mais que provisoirement il était obligé de sortir.

Il descendit précipitamment l'escalier, et arriva au bout de dix minutes rue Mâcon, devant la maison qu'habitait Salvator.

Il chercha vainement le marteau ou la sonnette.

La porte s'ouvrait le jour avec une espèce de petite chaîne tirant un loquet. La nuit on mettait la chaîne en dedans, et la porte était fermée.

Soit que personne ne fût encore sorti,

soit que la chaîne fût par accident retombée en dedans, il n'y avait pas moyen d'ouvrir la porte.

Dominique fut donc obligé de frapper avec son poing d'abord, puis avec une pierre qu'il ramassa.

Sans doute eût-il frappé longtemps, si la voix de Roland n'eût averti Salvator et Fragola qu'il leur arrivait une visite inattendue.

Fragola tendit l'oreille.

— C'est une visite d'ami, dit Salvator.

— A quoi reconnais-tu cela?

— Aux aboiements joyeux et caressants

du chien. Ouvre la fenêtre, Fragola, et vois quel est ce visiteur ami.

Fragola ouvrit la fenêtre, et reconnut l'abbé Dominique pour l'avoir vu le jour de la mort de Colomban.

— C'est le moine, dit-elle.

— Quel moine?... l'abbé Dominique?

— Oui!

— Oh! je te disais bien que c'était un ami, s'écria Salvator.

Et il descendit précipitamment les escaliers, précédé de Roland, qui s'était élancé par les degrés, aussitôt qu'il avait vu la porte ouverte.

11

Informations utiles.

Salvator, avec un geste de tendresse respectueuse, tendit les deux mains à l'abbé Dominique.

— Vous, mon père ! s'écria-t-il.

— Oui, répondit gravement le moine.

— Oh ! venez et soyez le bienvenu !

— Vous me reconnaissez donc ?

— N'êtes-vous pas mon sauveur ?

— Vous me l'avez dit du moins, et cela dans une circonstance trop douloureuse pour qu'il soit besoin de vous la rappeler.

— Et je vous le répète.

— Vous rappelez-vous ce que vous avez ajouté.

— Que si jamais vous aviez besoin de moi, la vie que je vous devais était à vous.

— Je me suis souvenu de vos paroles,

comme vous voyez, car j'ai besoin de vous et me voici.

Tout en échangeant ces paroles, ils étaient arrivés dans cette petite salle à manger, décorée sur un dessein antique de Pompei.

Le jeune homme présenta une chaise au moine, et tout en faisant signe à Roland, qui flairait la robe de l'abbé Dominique comme s'il eût cherché lui-même en quelle circonstance il l'avait vu, il s'assit près de lui.

Roland, écarté de la conversation par son maître, alla se blottir sous la table.

— Je vous écoute, mon père, dit Salvator.

Le moine posa sa main pâle et effilée sur la main de Salvator. Malgré sa pâleur, sa main était fiévreuse.

— Un homme pour lequel j'ai une profonde affection, dit l'abbé Dominique, arrivé depuis quelques jours seulement à Paris, a été arrêté hier près de moi, rue Saint-Honoré, près de l'église de l'Assomption, sans que j'aie osé lui porter secours, retenu que j'ai été par la robe dont je suis revêtu.

Salvator s'inclina.

— Je l'ai vu, mon père, dit-il, et je dois ajouter à sa louange qu'il s'est vigoureusement défendu.

L'abbé frissonna à ce souvenir.

— Oui, dit-il, et j'ai bien peur que cette défense si légitime ne lui soit cependan comptée comme un crime.

— Alors, continua Salvator en regardant fixement le moine, vous connaissez cet homme ?

— Oh ! je vous l'ai dit, j'ai pour lui une tendresse profonde.

— Et de quel crime est-il accusé ? demanda Salvator.

— Voilà ce que j'ignore complétement, voilà ce que je voudrais savoir, et le service que je viens vous demander est de m'aider à savoir pour quelle cause il a été arrêté.

— Est-ce là tout ce que vous désirez de moi, mon père ?

— Oui, je vous ai vu venir à Meudon, accompagné d'un homme qui m'a paru un agent supérieur de la police. Hier, je vous ai revu causant avec cet homme. J'ai pensé que, par lui, vous pourriez peut-être savoir le crime dont mon..... mon ami est accusé.

— Quel est le nom de votre ami, mon père ?

— Dubreuil.

— Sa profession ?

— C'est un ancien militaire, vivant, je crois, de sa fortune.

— D'où vient-il ?

— De pays lointains, de l'Asie, je crois

— Alors, c'est un voyageur ?

— Oui, répondit l'abbé en hochant tristement la tête ; ne sommes-nous pas tous des voyageurs ?

— Je passe une redingote, mon père, et je suis à vous. Je ne veux pas vous retarder plus longtemps, car, si je crois la tristesse de votre visage, vous êtes en proie à une violente inquiétude.

— Oui, très violente, répondit le moine.

Salvator, qui était en blouse, passa dans la pièce voisine et, un instant après, reparut en redingote.

— Maintenant, dit-il, je suis à vos ordres, mon père.

L'abbé se leva vivement et tous deux descendirent.

Roland leva la tête, les suivit de son regard intelligent jusqu'à ce qu'ils eussent refermé la porte. Mais, voyant qu'on n'avait probablement pas besoin de lui, puisqu'on ne lui faisait pas signe de venir, il laissa retomber sa tête entre ses deux pattes, se contentant de pousser un profond soupir.

A la porte de la rue, Dominique s'arrêta.

— Où allons-nous, demanda-t-il.

— A la Préfecture de Police.

— Je vous demanderai la permission de prendre un fiacre, dit le moine. Ma robe est si reconnaissable, et il y aurait de si graves inconvénients peut-être pour mon ami à ce que l'on sût que je m'occupe de lui, que c'est, à ce que je crois, une indispensable précaution.

— J'allais vous le proposer, dit Salvator.

On appela un fiacre, les deux jeunes

gens montèrent dedans, Salvator descendit au bout du pont Saint-Michel.

— Je vais vous attendre au coin du quai et de la place Saint-Germain-l'Auxerrois, dit le moine.

Salvator fit de la tête un signe d'assentiment, le fiacre continua par la rue de la Barillerie, Salvator descendit le quai des Orfèvres.

M. Jackal n'était point à la Préfecture. Les scènes de la veille avaient mis Paris en émoi. On redoutait, ou plutôt, disons-le, on espérait quelques attroupements. Tous les agents de police, M. Jackal en tête, étaient dehors, et l'huissier ignorait l'heure de son retour.

Il n'y avait donc pas à l'attendre. Mieux valait l'aller chercher.

Soit connaissance profonde de M. Jackal, soit instinct de conspirateur, il savait où le trouver, lui.

Il descendit le quai, et tournant à droite, prit le Pont-Neuf.

Il n'avait pas fait dix pas qu'il croisa une voiture.

Il entendit le bruit d'une main frappant sur le carreau de la portière, en signe d'appel.

Il s'arrêta.

La voiture s'arrêta de son côté.

La portière s'ouvrit.

— Montez! dit une voix.

Salvator allait s'excuser sur la nécessité où il était de rejoindre un ami, quand il reconnut, dans l'homme qui lui adressait cette invitation, le général Lafayette.

Il n'hésita point et prit place près de lui.

La voiture repartit, mais doucement.

— Vous êtes monsieur Savaltor, n'est-ce pas? demanda le général.

— Oui, et j'ai eu deux fois l'honneur de me trouver avec vous, général, comme délégué de la Haute-Vente.

— C'est cela, je vous ai reconnu, et voilà pourquoi je vous ai arrêté. Vous êtes chef de Loge, n'est-ce pas ?

— Oui, général.

— Vous avez combien d'hommes ?

— Je ne saurais vous dire précisément, général, mais j'en ai beaucoup.

— Deux cents, trois cents ?

Salvator sourit.

— Général, dit-il, le jour où vous aurez besoin de moi, je vous promets trois mille soldats.

Le général regarda Salvator.

Salvator inclina la tête avec un signe d'affirmation.

Il y avait une si loyale expression de confiance sur la physionomie loyale du jeune homme, qu'il n'y avait pas moyen de douter.

— Plus vous en avez, plus il est important que vous sachiez la nouvelle.

— Laquelle ?

— L'affaire de Vienne a manqué.

— Je m'en doutais, dit Salvator. Aussi ai-je recommandé hier à mes hommes de ne pas se mêler au mouvement.

— Et vous avez bien fait, on veut aujourd'hui une émeute.

— Je sais cela.

— Mais vos hommes ?

— L'ordre donné pour hier subsiste pour aujourd'hui. Maintenant, général, oserai-je vous demander si la nouvelle que vous m'annoncez vient de source certaine ?

— Je la tiens de M. de Marande, qui la tient du duc d'Orléans.

— Et sans doute le prince a eu quelques détails ?

— Des détails positifs. Un courrier est arrivé hier, sous prétexte d'affaires de commerce, envoyé par la maison Arnstein et Eskeles de Vienne à la maison Rothschild de Paris, mais en réalité pour prévenir le prince.

— Alors, le complot a été dénoncé ?

— On ignore s'il a échoué par une machination de la police ou par un de ces accidents qui maintiennent ou changent la face des empires. Vous savez ce qui était décidé là-bas ?

— Oui, un des principaux chefs de la conjuration nous a tout dit. Le duc de Reichstadt, par l'entremise de sa maî-tresse, avait été mis en rapport avec un ancien serviteur de Napoléon, le général Lebastard de Prémont. Le jeune prince avait consenti à fuir, et le jour de cette fuite devait avoir lieu quand il manquerait une lettre au mot CHAIRE, écrit en lettres de bronze sur la porte d'une ville située entre la porte de Medling et le commencement du Mont-Vert. Voilà tout ce que je sais.

— Eh bien, le 24 mars, le ʀ a manqué.

A sept heures du soir, le duc a jeté un manteau sur ses épaules et est sorti. Arrivé à la porte de Meidling, un gardien — les gardiens du palais de Schœnbrunn sont des gendarmes de la cour — un gardien a barré le chemin au duc.

— C'est moi, a dit le prince, ne me reconnaissez-vous pas ?

— Si fait, monseigneur, a répondu le gardien en saluant, mais...

— Serez-vous encore de garde ici dans deux heures ?

— Non, monseigneur, il est sept heures et demie, et à neuf heures précises, on me relève.

— Eh bien, dites à votre successeur que je suis sorti, afin que, si par hasard il ne me connaissait pas, il me laisse rentrer. Après une chaude aventure d'amour, il serait triste de passer une froide nuit sur la grande route.

Et, en disant ces mots, le prince mit quatre pièces d'or dans la main du gendarme.

— Vous partagerez avec votre successeur, lui dit-il; il ne serait pas juste que celui qui me laisse sortir eût tout, et que celui qui me laissera rentrer n'eût rien.

Le soldat prit les quatre pièces d'or, et le duc franchit la grille.

Au pied du Mont-Vert, une voiture attendait avec une escorte de quatre hommes à cheval.

Le duc monta dans la voiture, qui partit au galop.

Les quatre hommes suivirent.

L'un de ces quatre hommes était le général Lebastard de Prémont.

Il devait faire les trois premières postes à cheval, ensuite monter près du duc et continuer son chemin avec lui.

On tourna le château de Schœnbrunn, et l'on parvint, par Baumgarten et Hutteldorf, à Veidlingen.

Là est un pont jeté sur la Vienne.

Sur ce pont se trouvait une voiture renversée, portant des veaux au marché de Vienne.

Les veaux étaient entassés sur le pont et barraient le chemin.

— Ouvrez la route, dit le général à ses trois compagnons.

Ceux-ci descendirent de cheval, et s'apprêtèrent à enlever l'obstacle.

Mais, au même moment, on vit reluire le casque et les épaulettes d'un officier supérieur qui sortait de l'auberge, du général Houdon.

Derrière lui marchaient une vingtaine d'hommes.

— Retournez, dit le général à l'homme déguisé en postillon.

Celui-ci, qui comprenait l'urgence de la situation, faisait déjà voler ses chevaux, lorsque l'on entendit le galop d'une troupe de cavaliers qui arrivait par la route qu'on venait de suivre.

— Fuyez, général, cria le duc, nous sommes trahis.

— Mais vous, monseigneur?

— Oh! moi, soyez tranquille, il ne m'arrivera aucun mal, fuyez, fuyez!

— Cependant, monseigneur?

— Je vous dis de fuir ou vous êtes perdu, et s'il le faut, au nom de mon père, je vous l'ordonne.

— De par l'empereur, cria une voix forte, arrêtez.

— Vous entendez, dit le duc, fuyez, je le veux, je vous en prie.

— Votre main, monseigneur.

Le duc a passé sa main par la portière, le général y a appuyé ses lèvres, puis, enfonçant ses éperons dans le ventre de son cheval et lui rendant la main, il l'a lancé par-dessus le parapet.

On a entendu le bruit de l'homme et du cheval dans la rivière, et puis rien.

La nuit était trop noire pour voir ce qu'ils étaient devenus.

Le duc a été conduit à Vienne, au palais de l'empereur.

Et, demanda Salvator, vous pensez, général, que c'est un simple hasard qui a renversé cette voiture et amené ces soldats de chaque côté du pont ?

— C'est possible, mais ce n'est point l'avis du duc d'Orléans. Il croit que la police de M. de Metternich a été prévenue par la police française. En tout cas, vous voilà renseigné... De la prudence.

Le général fit arrêter la voiture.

— Soyez tranquille, général, dit Salvator.

Puis, comme il hésitait à descendre :

— Eh bien, demanda le général.

— M'accorderez-vous, en vous quittant,

la même faveur que le duc de Reichstadt avait accordée au général Lebastard de Prémont !

Et il prit la main du général pour la baiser.

Mais celui-ci retira sa main et lui présentant les deux joues :

— Embrassez-moi, dit-il, et baisez à mon intention la main de la première jolie femme que vous rencontrerez.

Salvator embrassa le général et descendit de la voiture, qui continuait son chemin vers le Luxembourg.

Quant à Salvator, il revint par la rue Dauphine et le pont des Arts.

Le fiacre attendait à l'angle du quai et de la place Saint-Germain-l'Auxerrois.

Les angoisses du pauvre Dominique eussent été bien autrement terribles, si le général Lafayette lui eût dit, à lui, ce qu'il venait de raconter à Salvator.

Salvator, en deux mots, annonça l'absence de M. Jackal à Dominique et, sans lui dire qui l'avait retardé, lui expliqua la cause de son retard.

Mais nous avons dit que Salvator savait où retrouver M. Jackal.

En effet, sans hésitation aucune, il ordonna au fiacre d'aller stationner avec

Dominique au coin de la rue Neuve-du-Luxembourg, et lui, prenant par la cour du Louvre, tandis que le fiacre suivait les quais, gagnait, en descendant, la rue Saint-Honoré.

Ainsi qu'il l'avait prévu, dès l'église Saint-Roch, la rue Saint-Honoré était encombrée.

Il y a à Paris les curieux du jour et les curieux du lendemain.

Les curieux du jour qui font l'événement.

Et les curieux du lendemain qui viennent visiter le théâtre de l'événement.

Or, dix ou douze mille curieux du lendemain visitaient, avec leurs femmes et leurs enfants, le théâtre de l'événement.

On eût dit une promenade à Saint-Cloud ou à Versailles un jour de fête.

C'était au milieu de ces curieux que Salvator comptait retrouver M. Jackal.

Il s'engagea dans cette presse.

Nous ne dirons pas combien, avant d'arriver à la rue de la Paix, combien de regards avaient correspondu avec le sien, combien de mains avaient touché la sienne, et cependant, aucune parole n'était échangée, un geste seulement qui signifiait :

— Rien.

En face de l'*Hôtel de Mayence*, Salvator s'arrêta. Il venait de rencontrer ce qu'il cherchait.

Vêtu d'une redingote à la propriétaire, coiffé d'un chapeau à la Bolivar, un parapluie sous le bras, et prenant une prise de tabac dans une tabatière à la charte, M. Jackal pérorait et racontait emphatiquement, et au plus grand désavantage de la police, bien entendu, les événements de la veille.

Dans un moment où M. Jackal venait de relever ses lunettes, son regard se croisa avec celui de Salvator.

Ce regard resta impassible, et cependant Salvator comprit que M. Jackal l'avait vu.

En effet, un instant après, le regard de M. Jackal reprit la même direction, et ce regard exprimait cette question :

— Avez-vous quelque chose à me dire?

— Oui, répondit Salvator.

— Alors, marchez devant, je vous suis.

Salvator marcha devant et entra sous une porte cochère.

M. Jackal l'y suivit.

Salvator alla à lui, et, s'inclinant légèrement, mais sans lui donner la main :

— Vous me croirez si vous voulez, monsieur Jackal, lui dit-il, mais c'est vous que je cherchais.

— Je vous crois, monsieur Salvator, dit le chef de la police avec son fin sourire.

— Oui, le hasard m'a servi merveilleusement, fit Salvator. Je viens de la Préfecture.

— Vraiment! dit M. Jackal, vous avez pris la peine de passer chez moi?

— Oui, et votre huissier en fera foi. Seulement, comme il n'a pu me dire où je vous trouverais, force m'a été de le deviner, et je me suis mis en quête de vous, confiant dans ma bonne étoile.

— Aurai-je le bonheur de pouvoir vous rendre quelque service, cher monsieur Salvator? demanda M. Jackal.

— Eh! mon Dieu! oui, répondit le jeune homme, vous pouvez avoir ce bonheur-là, si toutefois vous le voulez.

— Cher monsieur Salvator, vous êtes trop avare de ces occasions-là pour que je les laisse échapper.

— Voici, dit Salvator, et c'est bien simple, comme vous allez voir. L'ami d'un de mes amis a été arrêté hier dans la bagarre.

— Ah! fit M. Jackal.

— Cela vous étonne, dit Salvator.

— Non, car j'ai entendu dire qu'il avait été fait hier un grand nombre d'arrestation. Mettez-moi sur la voie, cher monsieur Salvator.

— C'est bien facile ; je vous l'ai montré au moment où on l'arrêtait.

— Ah! c'est justement celui-là ! chose étrange...

— Le reconnaîtriez-vous parmi les prisonniers?

— Je ne puis pas en répondre ; j'ai la

vue si courte, mais si vous vouliez bien m'aider de son nom...

— Il s'appelle Dubreuil.

— Dubreuil? Attendez donc, fit M. Jackal en se frappant le front de la main, comme un homme qui cherche à rassembler ses idées. Dubreuil? oui, oui, oui, je connais ce nom-là.

— Mais si vous aviez besoin de renseignements, je pourrais vous chercher dans la foule les deux agents qui l'ont arrêté? Leurs figures me sont si présentes que je les reconnaîtrais, j'en suis sûr...

— Vous croyez?

— D'autant plus que je les avais déjà remarqués dans l'église...

— Non, c'est inutile. Désireriez-vous quelques renseignements sur cet infortuné?

— Mais je désirerais tout simplement savoir pour quelle cause cet infortuné, comme vous l'appelez, a été arrêté.

— Ah! cela, je ne puis vous le dire en ce moment.

— En tout cas, vous me direz bien où vous croyez qu'il soit?

— Au dépôt naturellement, si toutefois quelque charge particulière ne l'a pas fait transférer soit à la Conciergerie, soit à la Force.

— Le renseignement est vague.

— Que voulez-vous, cher monsieur Salvator, vous me prenez à l'improviste.

— Vous, monsieur Jackal, vous y prend-on jamais?

— Bon, vous voilà comme les autres. Parce que je m'appelle M. Jackal, vous tirez des analogies de mon nom, et vous me croyez fin comme un renard.

— Dame! c'est votre réputation.

— Eh bien, je suis le contraire de Figaro. Je vaux moins que ma réputation, je vous jure. Non, je suis un bon homme, et c'est ce qui fait ma force. On me croit fin, on redoute mes finesses et l'on se laisse prendre à ma bonhomie. Le jour où un diplomate ne mentira point, il trompera tous ses confrères, car jamais ils ne pourront croire qu'il dit la vérité.

— Voyons, cher monsieur Jackal, vous ne me ferez pas croire que vous avez donné l'ordre d'arrêter un homme sans savoir la cause pour laquelle vous le faisiez arrêter.

— Mais, à vous entendre, on dirait que c'est moi qui suis roi de France.

— Non, mais vous êtes roi de Jérusalem.

— Vice-roi et encore préfet tout au

plus. N'y a-t-il pas M. de Corbière et M. Delavau qui règnent avant moi dans mon royaume?

— Ainsi, dit Salvator, regardant fixement le chef de la police, vous refusez de me répondre?

— Mais je ne refuse pas, monsieur Salvator ; seulement, cela m'est littéralement impossible. Que puis-je vous dire, moi... On a arrêté M. Dubreuil?

— Oui, M. Dubreuil.

— Eh bien, il y a eu une raison pour cela.

— C'est justement cette raison que je vous demande.

— Il aura troublé l'ordre...

— Non, car je le regardais au moment où il a été arrêté ; et tout au contraire, il était fort tranquille.

— Eh bien, alors, on l'aura pris pour un autre.

— Cela arrive donc quelquefois ?

— Ah ! mais, dit M. Jackal, en bourrant son nez de tabac, il n'y a que notre Saint-Père qui soit infaillible, et encore...

— Permettez-moi de commenter vos paroles, cher monsieur Jackal.

— Commentez-les, mais en vérité c'est trop d'honneur que vous leur faites.

— La figure de l'homme arrêté vous est inconnue?

— Oui, je le voyais hier pour la première fois.

— Son nom vous est inconnu?

— Son nom de Dubreuil... oui.

— Et la cause de son arrestation vous est inconnue?

Jackal rabattit ses lunettes sur ses yeux.

— Complétement inconnue, dit-il.

— D'où je conclus, continua Salvator, que la cause de son arrestation est peu grave et par conséquent ne saurait être de longue durée !

— Oh! certainement, répondit d'un air paterne M. Jackal. Est-ce cela que vous vouliez savoir?

— Oui !

— Alors que ne le disiez-vous plutôt. Je ne veux pas avancer que l'ami de votre vieil ami soit relâché à l'heure où je vous parle, mais, puisqu'il est votre protégé, vous n'avez absolument rien à craindre, et, en rentrant à la Préfecture, je vais ouvrir les deux battants de la porte à ce gaillard-là.

— Merci ! dit Salvator en regardant

profondément l'homme de police. Ainsi, je puis compter sur vous?

— C'est-à-dire que votre ami peut dormir sur les deux oreilles. Je n'ai pas dans mes cartons... sérieux un seul dossier au nom de Dubreuil. Est-ce là tout ce que vous désiriez de moi?

— Pas autre chose.

— En vérité, monsieur Salvator, continua l'homme de police en voyant que la foule s'écoulait et que les rassemblements étaient à peu près dissipés, en vérité les services que vous me demandez ressemblent beaucoup aux attroupements. On croit les tenir, et ils vous crèvent dans la main comme des bulles de savon.

— C'est que parfois, dit Salvator en riant, les attroupements obligent comme les services. Voilà pourquoi ils sont si rares, et par conséquent si précieux.

M. Jackal releva ses lunettes, regarda Salvator, bourra son nez de tabac, et rabattant ses lunettes :

— Ainsi donc ? dit-il.

— Ainsi au revoir, cher monsieur Jackal, répondit Salvator.

Et saluant l'homme de police sans plus lui donner la main en le quittant qu'en l'abordant, il traversa la rue Saint-Honoré de droite à gauche et s'en alla rejoindre

Dominique, qui l'attendait dans son fiacre, au coin de la rue Neuve-du-Luxembourg.

Alors, ouvrant la portière du fiacre et tendant les deux mains à Dominique :

— Vous êtes homme, dit-il, vous êtes chrétien, par conséquent sachant ce que c'est que la douleur et la résignation.

— Mon Dieu ! dit le moine en joignant ses mains blanches et effilées.

— Eh bien, la position de votre ami est grave, très grave.

— Il vous a donc tout dit ?

— Il ne m'a rien dit, au contraire, et voilà ce qui m'effraye. Il ne connaît pas votre ami de visage ; il a entendu prononcer hier pour la première fois le nom de Dubreuil, et il ne sait pas la cause de son arrestation. Défiez-vous, je vous le répète, la chose est grave, très grave.

— Que faire ?

— Rentrez chez vous ; je vais m'enquérir de mon côté, enquérez-vous du vôtre et comptez sur moi.

— Ami, dit Dominique, puisque vous êtes si bon...

— Quoi ? demanda Salvator en regardant le moine.

— Laissez-moi vous demander pardon de ne pas vous avoir tout dit.

— Est-il encore temps ? dites.

— Eh bien ! l'homme arrêté ne s'appelle pas Dubreuil, il n'est pas mon ami.

— Non !

— Il s'appelle Sarranti, et il est mon père.

— Ah ! s'écria Salvator, je sais tout maintenant.

Puis, regardant le moine :

— Entrez dans la première église que vous rencontrerez, mon frère, et priez.

— Et vous ?

— Moi... je tâcherai d'agir.

Le moine prit la main de Salvator, et avant qu'il eût eu le temps de s'y opposer, il la baisa.

— Frère, frère, dit Salvator, je vous l'ai dit, je suis à vous de cœur et d'âme, mais il ne faut pas qu'on nous voie ensemble. Adieu !

Il referma la portière et s'éloigna rapidement.

— A l'église Saint-Germain-des-Prés ! dit le moine.

Et tandis que le fiacre prenait le chemin du pont de la Concorde avec l'allure ordinaire d'un fiacre, Salvator remontait rapidement la rue de Rivoli.

III

Le spectre.

L'église Saint-Germain-des-Prés, avec son porche roman, ses piliers massifs, ses cintres surbaissés, son parfum du huitième siècle, est une des églises les plus sombres de Paris, et par conséquent une de celles où l'isolement du corps et l'élévation de l'âme est la plus facile et la plus complète.

Ce n'était donc pas sans raison que Dominique, le moine indulgent, mais l'homme austère, avait choisi Saint-Germain-des-Prés pour y parler à Dieu de son père.

Il pria longtemps, et il était près de cinq heures de l'après-midi lorsqu'il en sortit les mains perdues dans ses grandes manches, la tête inclinée sur sa poitrine.

Il s'achemina lentement vers la rue du Pot-de-Fer, tout en espérant, d'une espérance bien vague et bien timide cependant, que son père, sorti de prison, serait venu le demander.

Aussi sa première question à la bonne femme qui cumulait près de l'abbé les fonctions de concierge et celles de femme de ménage, fut-elle pour s'informer si personne ne l'avait demandé en son absence.

— Si fait, mon père, dit la concierge, un monsieur.

Dominique tressaillit.

— Son nom? demanda-t-il.

— Il ne me l'a pas dit.

— Vous ne le connaissez pas?

— Non... c'est la première fois qu'il vient.

— Vous êtes bien sûre que ce n'est point

celui qui m'a apporté une lettre avant-hier?

— Oh! non, celui-là, je l'eusse bien reconnu; il n'y a pas deux figures aussi sombres à Paris.

— Pauvre père! murmura Dominique.

— Non, continua la concierge, la personne qui est venue deux fois — car elle est venue deux fois : une fois à midi, et l'autre à quatre heures — la personne qui est venue deux fois est maigre et chauve. C'est un homme d'une soixantaine d'années, qui a de petits yeux enfoncés dans la tête comme ceux d'une taupe, et qui a l'air tout malade. Du reste, vous le verrez probablement tout à l'heure, car il a dit qu'il allait faire une course et qu'il reviendrait. Faudra-t-il le laisser monter ?

— Certes, dit l'abbé, distrait ; car rien ne lui importait, en ce moment, que ce qui venait de son père.

Et, prenant sa clé, il s'apprêta à monter.

— Mais, dit la bonne femme, monsieur l'abbé...

— Quoi ?

— Vous avez donc déjeûné dehors ?

— Non, fit l'abbé en secouant la tête.

— Mais alors vous n'avez pas mangé de la journée ?

— Je n'y ai pas songé. Vous irez chercher quelque chose chez le restaurateur, ce que vous voudrez.

— Si monsieur l'abbé voulait, dit la bonne femme, j'ai d'abord un bon bouillon...

— Soit !

— Puis je lui mettrais deux côtelettes sur le gril; cela lui vaudrait bien mieux que de la viande de restaurateur.

— Faites comme vous voudrez.

— Dans cinq minutes, le bouillon et les côtelettes seront chez vous.

L'abbé fit avec la tête un signe d'adhésion et monta l'escalier.

Entré dans sa chambre, il ouvrit la fenêtre. Les derniers rayons du soleil couchant se glissaient dorés entre les branches des arbres du Luxembourg, dont les bourgeons commençaient à se gonfler.

Il y avait dans l'air cette petite brume violâtre qui annonce l'approche du printemps.

L'abbé s'assit, appuya son coude sur le rebord de la fenêtre, regardant et écoutant des volées de moineaux francs qui gazouillaient avant de rentrer dans leurs charmilles.

La concierge, comme elle avait promis de le faire, monta le bouillon et les deux côtelettes; puis, sans troubler le moine dans sa méditation, car elle était habituée à le voir méditer ainsi, elle plaça devant lui la table, et sur la table son dîner.

L'abbé avait pris l'habitude d'émietter du pain sur sa fenêtre, et les oiseaux, habitués à cette sportule, accouraient comme des clients romains à la porte de Lucullus ou de César.

Pendant un mois, la fenêtre était restée close.

Pendant un mois, les oiseaux avaient appelé vainement leur ami; pendant un mois, ils étaient venus se poser inutilement sur le rebord extérieur de cette fenêtre et regarder curieusement à travers la vitre.

La chambre était vide, l'abbé Dominique était à Penhoël.

Mais lorsque les oiseaux virent la fenêtre ouverte, leur caquetage redoubla. On eût dit qu'ils s'annonçaient les uns aux autres cette bonne nouvelle. Enfin, quelques-uns, d'entre eux, à la mémoire meilleure, se hasardèrent à venir voler autour du moine.

Ce bruit d'ailes le tira de sa rêverie.

— Ah! dit-il, pauvres petits, je vous oubliais, et vous vous souvenez ; vous êtes meilleurs que moi.

Prenant son pain comme il faisait autrefois, il l'émietta sur sa fenêtre.

Aussitôt ce ne furent plus un ou deux moineaux plus hardis qui se hasardèrent à s'approcher, ce fut tout le vol de ses anciens pensionnaires qui vint tourbillonner autour de lui.

— Libres, libres, libres, murmurait Dominique, vous êtes libres, charmants oiseaux, et mon père, lui, est prisonnier.

Et il retomba dans son fauteuil, où il demeura plongé pendant quelques instants dans une profonde rêverie.

Puis enfin, machinalement, il but son bouillon et mangea ses côtelettes avec la croûte du pain dont il avait donné la mie aux oiseaux.

Cependant le soleil descendait de plus en plus vers l'horizon, le soleil ne dorait plus que l'extrémité des branches et les sommets des cheminées. Les petits oiseaux s'en étaient allés, et on entendait au loin, dans les charmilles, leur caquetage qui allait s'éteignant de plus en plus.

Toujours machinalement, Dominique étendit la main et déplia son journal.

Les deux premières colonnes contenaient le récit verbeux des événements de la veille. L'abbé Dominique, qui savait à quoi s'en tenir là-dessus, pour le moins aussi bien qu'un journal du ministère, passa rapidement les deux colonnes; mais, arrivé à la troisième, il lui passa comme un éblouissement, tout son corps trembla, un frisson courut en lui de la tête aux pieds, une sueur froide inonda son front, il venait de voir trois fois répété, avant d'avoir rien lu, son nom ou plutôt le nom de son père.

A propos de quoi le nom de M. Sarranti était-il trois fois répété dans les colonnes de ce journal?

Le pauvre Dominique venait de ressentir une commotion pareille à celle qui dut frapper les convives de Balthazar, quand la main invisible traça sur la muraille les trois mots mortels et flamboyants comme un alphabet d'éclair.

Il se frotta les yeux comme si une image de sang l'aveuglait. Il essaya de lire, mais le journal tremblait à ce point entre ses deux mains, que les lignes miroitaient en l'éblouissant comme les reflets d'une glace que l'on agite.

Enfin, il étendit la feuille sur ses genoux, la fixa de chaque côté avec ses deux mains, et, aux dernières lueurs du jour, il lut.

— Vous devinez ce qu'il lut, n'est-ce pas?

Il lut la note terrible insérée dans les journaux, et que nous avons mise sous vos yeux.

La note dans laquelle son père était accusé de vol et d'assassinat.

Le tonnerre n'eût pas plus mortellement et plus brutalement terrassé un homme que ne le faisait l'effroyable article.

Mais tout à coup il bondit de son fauteuil à son secrétaire, en s'écriant :

— Oh! mais béni soit Dieu. Cette calomnie, ô mon père! va rentrer dans l'enfer d'où elle est sortie.

Et du tiroir il sortit le papier que nous

connaissons, la confession écrite de M. Gérard.

Il baisa ardemment le rouleau qui renfermait la vie d'un homme, plus que sa vie, son honneur.

L'honneur de son père.

Il l'ouvrit pour s'assurer que c'était bien le rouleau précieux, que, dans sa précipitation, il ne se trompait pas; et ayant reconnu l'écriture, ayant relu le nom dont il était signé, il le baisa de nouveau, et le passant sous sa robe, le pressant contre sa poitrine, il sortit de la chambre, ferma la porte, et descendit rapidement l'escalier.

Un homme montait l'escalier en même temps que l'abbé Dominique le descendait. Mais l'abbé ne faisait pas attention à cet homme; il allait passer près de lui sans le remarquer, presque sans le voir, quand il se sentit arrêté par la manche de sa robe.

— Pardon, monsieur l'abbé, dit celui qui l'arrêtait, j'allais chez vous.

Le timbre de cette voix fit tressaillir Dominique; elle ne lui était pas inconnue.

— Chez moi, plus tard, dit Dominique, mais je n'ai pas le temps de remonter.

— Ni moi celui de revenir, dit l'homme en saisissant cette fois le bras du moine avec sa manche.

Dominique sentit s'abattre sur lui quelque chose comme une profonde terreur.

Ces bras de fer qui lui comprimaient le bras semblaient ceux d'un squelette.

Il essaya de voir celui qui l'arrêtait ainsi au passage, mais l'escalier était dans l'obscurité, un seul rayon de jour mourant filtrait par un œil-de-bœuf, et éclairait un étroit espace.

— Qui êtes-vous, et que me voulez-vous? demanda le moine, essayant, mais en vain, de dégager son bras.

— Je suis M. Gérard, dit l'homme, et je viens pour ce que vous savez.

Dominique jeta un cri.

Mais la chose lui paraissait tellement impossible, qu'avant d'y croire, au témoignage de ses oreilles il voulut joindre le témoignage de ses yeux.

Il prit l'homme à son tour par les deux bras, et bondit avec lui jusqu'à ce rayon de jour rougeâtre, le seul qui éclairât l'escalier.

La tête du spectre se trouva dans la lumière.

C'était bien en effet M. Gérard.

L'abbé recula jusqu'au mur, l'œil effaré, les cheveux dressés sur la tête, ses deux mâchoires claquant l'une contre l'autre.

Là, il resta dans l'attitude d'un homme

qui verrait un cadavre se dresser dans sa bière, et d'une voix sourde il laissa échapper ce seul mot :

— Vivant !

— Sans doute, vivant, dit M. Gérard. Dieu a eu pitié de mon repentir, et m'a envoyé un bon jeune médecin qui m'a guéri.

— Vous ? s'écria l'abbé, qui se croyait en proie à quelque songe terrible.

— Sans doute, moi. Je conçois que vous m'ayez cru mort, mais je ne le suis pas.

— Et c'est vous qui êtes venu deux fois aujourd'hui déjà ?

— Et qui reviens une troisième. Je serais revenu dix fois ; je tenais, vous le comprenez bien, à ce que vous ne continuassiez pas à me croire mort.

— Mais pourquoi aujourd'hui plutôt qu'un autre jour? demanda machinalement l'abbé, regardant l'assassin avec des yeux hagards.

— Mais vous n'avez donc pas lu les journaux ? demanda M. Gérard.

— Si fait, je les ai lus, répondit d'une voix sourde le moine, qui commençait à mesurer l'abîme en face duquel il se trouvait.

— Alors, si vous les avez lus, vous devez comprendre le but de ma visite.

Dominique comprenait en effet, et une sueur froide lui coulait par tout le corps.

— Moi vivant, continua Gérard en baissant la voix, ma confession est nulle.

— Nulle... répéta machinalement le moine.

— Oui, n'est-il pas défendu aux prêtres, sous peine de damnation éternelle, de révéler la confession sans en avoir obtenu la permission du pénitent?

— Cette permission, s'écria le moine, vous me l'avez donnée.

— Moi mort, oui, mais vivant je la retire.

— Malheureux! s'écria le moine, et mon père.

— Qu'il se défende, qu'il m'accuse, qu'il prouve, mais vous, confesseur, silence!

— C'est bien, dit Dominique, qui comprenait qu'il n'y avait pas à se débattre contre une fatalité qui se présentait à lui sous la forme d'un des dogmes fondamentaux de l'Église, c'est bien, misérable, je me tairai.

Et repoussant de la main Gérard, il fit un mouvement pour remonter chez lui.

Mais Gérard se cramponna à lui.

— Que me voulez-vous encore? demanda le moine.

— Ce que je veux, dit l'assassin, je veux le papier que, dans un moment de délire, je vous ai donné.

Dominique porta ses deux mains à sa poitrine.

— Vous l'avez, dit Gérard, il est là, rendez-le moi.

Et le moine sentait de nouveau sur son bras la pression de la main de fer, tandis que le doigt étendu de l'assassin touchait presque le manuscrit.

— Oui, il est là, dit l'abbé Dominique ; mais où il est, je vous jure, foi de prêtre, qu'il restera.

— Mais vous vouliez donc mentir à votre

serment, vous vouliez donc révéler la confession ?

— Je vous ai dit que j'acceptais le pacte, et que, vous vivant, je me tairais.

— Alors, pourquoi gardez-vous ce papier ?

— Parce que Dieu est juste ; parce qu'il se peut que, par accident ou par justice, vous mouriez pendant le procès de mon père ; parce qu'enfin, si mon père est condamné à mourir sur l'échafaud, j'élèverai ce papier vers Dieu, en disant : « Seigneur, toi qui es le Dieu suprême et juste, frappe le coupable et sauve l'innocent. — Ceci, misérable, c'est dans mon droit d'homme et de prêtre, et j'userai de mon droit.

Alors, écartant violemment M. Gérard, qui s'était placé avant lui comme pour lui barrer le chemin, il remonta l'escalier, défendant, d'un geste impérieux, au meurtrier de le suivre, entra dans son appartement, dont il ferma la porte, et allant tomber à genoux devant un crucifix :

— Mon Dieu, Seigneur, dit-il, vous qui voyez tout, vous qui entendez tout, vous venez de voir et d'entendre ce qui s'est passé; mon Dieu, Seigneur, ce serait un sacrilége que d'appeler la main des hommes dans tout ceci; à vous la justice.

Puis il ajouta d'une voix sourde :

— Et si vous ne faites pas justice, à moi la vengeance.

IV

Soirée à l'hôtel de Marande.

Un mois après les événements que nous avons racontés à nos lecteurs dans les premiers chapitres de ce volume, le dimanche 30 avril, la rue Laffite, ou plutôt nommons-la du nom qu'elle portait à cette époque, la rue d'Artois présentait aux passants, vers les onze heures du soir, un mouvement inaccoutumé.

Qu'on imagine, en effet, le boulevart des Italiens et le boulevart des Capucines jusqu'au boulevart de la Madeleine, le boulevart Montmartre jusqu'au boulevart Bonne-Nouvelle, et d'un autre côté, parrallèment, toute la rue de Provence et les rues adjacentes, littéralement inondés d'équipages avec lanternes étincelantes ; qu'on se figure la rue d'Artois éclairée d'un bout à l'autre par deux ifs gigantesques, chargés de lampions, qui s'élèvent de chaque côté de l'hôtel, deux dragons à cheval gardant la porte, deux autres, à l'extrémité de la rue qui s'ouvre sur la rue de Provence, et l'on aura une idée du spectacle que donnent les alentours de l'hôtel de Marande quand sa belle maîtresse offre *à quelques amis* une de ces soirées où tout Paris veut être.

Suivons un des équipages qui font la file et entrons avec lui dans la cour d'honneur de l'hôtel de Marande.

Maintenant, arrêtons-nous dans cette cour, en attendant quelqu'un qui nous introduise, et, en attendant, examinons l'extérieur de l'hôtel.

L'hôtel de Marande était situé, ainsi que nous l'avons dit, rue d'Artois, entre l'hôtel Cerutti, qui, jusqu'en 1792, avait donné son nom à la rue, et l'hôtel de l'Empire.

Trois corps de logis formaient, avec le mur de façade, un immense rectangle. A droite, était le corps de logis du banquier, en face, les salons de l'homme politique ; à gauche, les appartements de cette belle personne qui déjà plusieurs fois est apparue à nos lecteurs sous le nom de Lydie de Marande.

Ces trois corps de logis communiquaient entre eux de façon à ce que le maître pût avoir l'œil partout, à chaque heure du jour comme à chaque heure de la nuit.

Les salons de réception occupaient le premier étage, en face de la porte cochère ; mais, dans les grands jours, on ouvrait les portes de communication, et les invités pouvaient alors pénétrer sans indiscrétion dans les élégants boudoirs de la femme et dans les sévères retraites du mari.

Le rez-de-chaussée tout entier servait :

L'aile gauche, de cuisine et d'office.

Le centre, de salle à manger et de vestibule.

L'aile droite, de bureaux et de caisse.

Montons l'escalier à rampe de marbre et aux marches couvertes d'un immense tapis de Sallandrouze, et voyons s'il n'existe pas, dans toute cette foule qui s'encombre dans les antichambres, un ami qui puisse nous présenter à la belle hôtesse de la maison.

Nous connaissons les principaux invités, les invités de fondation, comme on dit, mais nous ne sommes pas assez lié avec eux pour leur demander un pareil service.

Ecoutez, on les annonce.

— C'est Lafayette, c'est Casimir Périer, c'est Royer-Collard, c'est Béranger, c'est Pajol, c'est Kœchlin, c'est enfin tout ce qui représente en France cette opinion intermédiaire entre la monarchie aristocratique et la république. Ce sont ceux qui, avec le mot de charte à la bouche, travaillent sourdement au grand enfantement de 1830, et si nous n'entendons pas au milieu de tous ces chefs du parti que nous venons de nommer, si nous n'entendons pas annoncer M. Laffite, c'est qu'il est à Maisons, soignant avec ce dévoûment que l'illustre banquier avait pour ses amis, Manuel, malade, et qui va mourir avant peu.

Mais, tenez, voici quelqu'un qui va nous introduire. Une fois le seuil franchi, nous irons où il nous plaira.

C'est ce jeune homme de taille moyenne, plutôt grande que petite, admirablement prise, et vêtu à la fois à la mode de l'époque et en même temps avec je ne sais quoi qui constitue l'artiste. Voyez : habit vert foncé, orné du ruban de la Légion-d'Honneur, qu'il vient de recevoir — par quelle influence? il n'en sait rien, car il ne l'a pas demandé, et son oncle est trop égoïste pour l'avoir demandé pour lui, et d'ailleurs fait de l'opposition — gilet de velours noir, avec un bouton boutonné en haut, trois boutons boutonnés en bas, laissant passer par l'ouverture un jabot de dentelle d'Angleterre; pantalon collant, dessinant une jambe nerveuse, admirablement faite ; des bas de soie noire à jours, et des souliers à petites boucles d'or, enfermant un pied de femme.

Puis, sur tout cela, la tête de Rubens à vingt-six ans.

Vous l'avez reconnu, c'est Pétrus. Il vient de faire un charmant portrait de la maitresse de la maison. Il n'aime pas faire les portraits, mais son ami Jean Robert a tant insisté pour qu'il fît le portrait de madame de Marande, qu'il y a consenti.

Il est vrai qu'une jolie bouche, se joignant à la bouche amie de Jean Robert, lui a dit un soir, en même temps qu'une main charmante lui serrait la main, au bal de madame la duchesse de Berri, où il a été invité on ne sait par quelle influence — il est vrai qu'une jolie bouche lui a dit avec son ravissant sourire :

— Faites le portrait de Lydie, je le veux.

Et le peintre, qui n'a rien à refuser à cette jolie bouche, qui est celle de Régina de Lamothe-Houdon, comtesse Rappt, a ouvert les portes de son atelier à madame Lydie de Marande, qui, conduite la première fois par M. de Marande, lequel venait remercier en personne le peintre de sa complaisance, est revenue, les autres fois, accompagnée d'un seul domestique.

Puis, le portrait fini, comme on a compris qu'on ne payait pas avec des billets de banque la complaisance d'un artiste comme Pétrus, d'un gentilhomme comme le baron de Courtenay, madame de Marande s'est penchée à l'oreille du beau peintre et lui a dit :

— Venez me voir quand vous voudrez, seulement prévenez-moi la veille par un petit mot afin que vous trouviez Régina chez moi.

Et Pétrus a saisi la main de madame de Marande et l'a baisée avec une ardeur qui a fait dire à la belle Lydie :

— Oh ! monsieur, comme vous devez aimer ceux que vous aimez.

Puis, le lendemain, Pétrus a reçu, par les mains de Régina, une épingle bien simple, valant à peine la moitié du prix de son tableau, double délicatesse qu'avec son caractère aristocratique Pétrus était, plus qu'aucun maître, à même d'apprécier.

Suivons donc Pétrus, vous voyez qu'il a tout droit de nous introduire à sa suite dans la maison du banquier de la rue d'Artois, et de nous faire franchir le seuil de ces salons où tant d'illustrations nous ont précédé.

Allons droit à la maîtresse de la maison. Elle est là, à droite, dans son boudoir.

En entrant dans ce boudoir, le premier mouvement de celui qui entre est tout à la surprise. Que sont donc devenus tous ces illustres personnages que l'on a annoncés, et d'où vient que l'on trouve là au milieu de dix ou douze femmes trois ou quatre jeunes gens à peine?

C'est que les illustrations politiques viennent pour M. de Marande, que madame de Marande déteste la politique, qu'elle déclare n'avoir aucune opinion, mais trouve seulement que madame la duchesse de Berri est une charmante femme, et que le roi Charles X a dû être autrefois un parfait gentilhomme.

Mais si les hommes qui vont arriver bientôt — soyez tranquilles — si les hommes, ou plutôt les jeunes gens, sont en minorité pour le moment, quel éblouissant parterre de femmes !

D'abord, occupons-nous du boudoir :

C'est un joli salon donnant, d'un côté dans une chambre à coucher, de l'autre dans une serre-galerie.

Il est tendu de satin bleu de ciel, avec des ornements noirs et roses, si bien que les yeux splendides et les magnifiques diamants des belles amies de madame de Marande étincellent sur cet azur comme des étoiles sur le firmament.

Mais celle que l'on aperçoit tout d'abord, celle dont nous avons tout particulièrement à nous occuper, la plus sympathique, sinon la plus belle, la plus attractive, sinon la plus jolie, c'est sans contredit la maîtresse de la maison, madame Lydie de Marande.

Nous avons, autant qu'il est permis à la plume de le faire, tracé le portrait de ses trois amies, ou plutôt de ses trois sœurs de Saint-Denis ; essayons maintenant d'esquisser le sien.

Madame Lydie de Marande paraissait à peine avoir atteint sa vingtième année. C'était une personne d'un aspect charmant pour quiconque veut, dans la femme, trouver un corps et non pas simplement un rêve.

Elle avait les cheveux d'une nuance ravissante, blonds quand elle les portait en boucles légères, châtains quand elle les portait en bandeaux serrés : toujours luisants et soyeux.

Son front était beau, intelligent et fier, blanc comme le marbre, poli comme lui !

Ses yeux étaient étranges, ni complétement bleus, ni complétement noirs, mais participant de ces deux couleurs, irisés parfois de nuances d'opale, d'autres fois sombres comme du lapis-lazuli, et cela selon la lumière qui les éclaire, selon peut-être les battements du cœur qui les anime.

Le nez était fin, retroussé, moqueur; la bouche bien dessinée, mais un peu grande, fraîche comme du corail humide, rieuse et sensuelle.

D'habitude, ses lèvres rebondies sont légèrement entr'ouvertes et laissent voir l'extrémité d'une double rangée — pardonnez-moi le mot classique, je n'en connais pas d'autre qui rende mieux ma pensée — l'extrémité d'une double rangée de perles. Si les lèvres se serrent, elles donnent, en se joignant à tout le haut du visage, un air superbement dédaigneux.

Le menton était coquet, mignon et rose.

Mais ce qui donnait à tout ce visage sa beauté réelle, sa physionomie véritable, son caractère original, et nous pourrions presque dire originel, c'était cette vie frissonnante qui semblait courir avec le sang sous la peau, c'était ce teint si vivant, ces joues si légèrement nuancées de nacre, si coquettement tintées de rose, qu'elles avaient à la fois cette transparence à laquelle on devine la femme du midi, cette fraîcheur à laquelle on reconnaît la femme du nord.

Ainsi, sous un pommier en fleur, revêtue du charmant costume des femmes du pays de Caux, une Normande l'eût réclamée comme compatriote.

Se balançant dans un hamac à l'ombre d'un bananier, un créole de la Martinique ou de la Guadeloupe l'eût prise pour une sœur.

Nous avons laissé entendre plus haut que tout le corps qui soutenait cette charmante tête était doué d'un certain embonpoint ; mais cet embonpoint, qui s'arrêtait juste à la femme de l'Albane sans atteindre celle de Rubens, loin d'être disgracieux, était tout séduisant en elle.

Plus que séduisant, voluptueux.

En effet, une gorge luxuriante, qui semblait n'avoir jamais été condamnée au *carcere duro* du corset, bondissait à chaque haleine, fière et opulente à travers un nuage de gaze, pareille aux gorges de ces belles filles de Sparte et d'Athènes qui posaient pour les Vénus et les Hébés de Praxitèle et de Phidias.

Si cette radieuse beauté que nous venons de décrire avait ses admirateurs, vous devez comprendre qu'en revanche aussi elle avait ses ennemies et ses détracteurs. Ses ennemies, c'étaient presque toutes les femmes ; ses détracteurs, c'étaient ceux qui s'étaient crus appelés et qui n'avaient point été élus ; c'étaient les amants rebutés, c'étaient ces beaux et ces élégants à cerveaux vides qui n'imaginent pas qu'une femme douée de pareils trésors puisse en être avare

Madame de Marande avait donc été plus d'une fois calomniée, et cependant, tout en lui conservant cette délicieuse séduction de la femme, la faiblesse, hâtons-nous de le dire, peu de femmes avaient moins qu'elle mérité la calommie.

Ainsi, quand le comte Herbel, en véritable voltairien qu'il était, avait dit dans le chapitre intitulé : *Causerie entre un oncle et un neveu* : « Qu'est-ce que madame de Marande ? une Madeleine en puissance de mari et en impuissance de repentir. » A notre avis, le général avait eu tort, et nous dirons plus tard de quelle façon grammaticale il eût dû placer ces mots *puissance* et *impuissance,* s'il eût eu la moindre velléité de parler correctement.

Or, comme on le verra bientôt, madame Lydie de Marande n'était rien moins qu'une Madeleine.

Mais, maintenant que nous croyons l'avoir suffisamment fait connaître, achevons de décrire l'appartement et de faire ou renouveler connaissance avec ceux qui l'occupent momentanément.

V

Où il est question de Carmélite.

Nous avons dit qu'il y avait, au milieu de tout ce parterre de femmes, quatre ou cinq hommes seulement.

Profitons de ce que la société n'est pas plus nombreuse pour nous mêler à ce bavardage de salon, qui emploie d'habitude tant de paroles à dire si peu de chose.

Le plus bruyant de ces cinq privilégiés du boudoir bleu était un jeune homme que nous n'avons vu que dans de douloureuses ou sinistres circonstances. C'était M. Lorédan de Valgeneuse, qui, de temps en temps, à quelque endroit du boudoir qu'il fût, et avec quelque femme qu'il causât, échangeait un regard rapide comme l'éclair, et d'une étrange signification, avec sa sœur, mademoisellle Suzanne de Valgeneuse, l'*amie* de pension de la pauvre Mina.

M. Lorédan était un véritable homme de salon. Nulle bouche ne savait mieux sourire, nul regard ne savait mieux complimenter. Il avait au plus haut degré cette courtoisie qui frise l'impertinence, et nul, de 1820-1827, n'avait pu encore le détrôner dans l'art de mettre sa cravate et d'y faire, même tout ganté, le nœud à la mode sans en chiffonner le satin ou la batiste.

Il causait en ce moment avec madame de Marande, dont il admirait l'éventail rococo en véritable amateur des Vanloo et des Boucher de bric-à-brac.

Celui qui, après Lorédan, attirait les regards des femmes, moins à cause de sa beauté et de son élégance qu'à cause de sa réputation déjà établie par trois ou quatre succès de théâtre et par une conversation plus originale encore peut-être que spirituelle, était le poète Jean Robert. Au nombre des invitations imprimées qu'avaient fait pleuvoir autour de lui ses premiers triomphes, et auxquelles il se gardait bien de répondre, deux ou trois invitations autographes de la belle Lydie, qui voulait faire de son salon le rendez-vous littéraire, comme son mari voulait faire du sien le rendez-vous politique des grands hommes de l'époque, avaient vaincu ses scrupules. Sans être un des visiteurs les plus assidus de madame de Marande, il était un de ses habitués, et, à chaque séance que madame de Marande avait donnée depuis trois semaines à son ami Pétrus, il avait assisté religieusement, dans le but de donner, en causant avec la charmante jeune femme, de l'animation à son portrait. Il faut dire que, cette fois encore, Jean Robert avait réussi, et que jamais le regard et le sourire de Lydie n'avaient été, l'un plus brillant, l'autre plus animé.

M. de Marande en avait fait ce soir-là même — le portrait n'était de retour à l'hôtel que depuis deux jours — M. de Marande en avait fait ce soir-là même son compliment à Jean Robert, en le remerciant de la complaisance avec laquelle il avait abrégé pour madame de Marande les ennuis de la pose.

Jean Robert n'avait pas su d'abord si M. de Marande parlait sérieusement ou raillait. Son regard, rejeté rapidement sur le visage du banquier, avait même cru un instant surprendre sur ce visage une expression ironique. Mais les yeux des deux hommes s'étaient arrêtés et fixés l'un sur l'autre avec une certaine gravité, et alors M. de Marande, en s'inclinant, avait répété ces mots :

— Monsieur Jean Robert, c'est sérieusement que je parle, et madame de Marande ne saurait me faire de plus grand plaisir que de cultiver la connaissance d'un homme de votre mérite.

Et il lui avait tendu la main si franchement, que Jean Robert lui avait donné la sienne avec une franchise égale, quoique cette franchise de la part du jeune poète ne parût pas exempte d'une certaine hésitation.

Le troisième personnage dont nous nous occuperons est notre introducteur Pétrus. Nous savons, lui, quel astre l'attire. Aussi, les compliments d'usage faits à madame de Marande, à Jean Robert, à son oncle, le vieux général Herbel, qui digère assez péniblement dans un coin pour que sa digestion lui donne un air digne et sérieux, les dames saluées en masse, a-t-il trouvé moyen, au bout d'un instant, de se trouver accoudé à la causeuse sur laquelle la belle Régina, à moitié couchée, effeuille un bouquet de violettes de Parme, bien certaine que, lorsqu'elle se sera levée et aura changé de place, les violettes décapitées par elle ne seront point perdues.

Le cinquième personnage est tout simplement un danseur. Il appartient à cette race très appréciée des maîtresses de maison, mais dont la poésie, le roman et la peinture n'ont à s'occuper que comme un metteur en scène s'occupe d'un comparse.

Nous avons donc dit que Lorédan causait avec madame de Marande ; que Jean Robert, appuyé au marbre de la cheminée, les regardait ; que Pétrus causait avec Régina, souriant à chaque violette qui tombait des belles mains de sa divinité ; que le général, comte d'Herbel, digérait laborieusement sur un sofa ; enfin que le danseur inscrivait ses contredanses, afin de s'élancer chronologiquement vers sa danseuse chaque fois que l'orchestre, qui ne devait se faire entendre qu'à minuit, jetterait à l'atmosphère parfumée des salons ses notes d'appel à un nouveau quadrille.

Pour être exact, il faut dire que le tableau que nous venons d'essayer de peindre n'avait aucune fixité. De minute en minute, on annonçait un nouveau nom. La personne désignée par le nom entrait. Si c'était une femme, madame de Marande allait au-devant d'elle et, selon le degré d'intimité où elle était avec cette femme, l'embrassait ou se contentait de lui serrer la main. Si c'était un homme, faisait un signe de tête, accompagnait ce signe de tête d'un gracieux sourire et même de quelques mots, puis, montrant un siége libre à la femme, la serre-galerie à l'homme, laissait les nouveax venus devenir ce qu'ils voulaient, soit qu'il leur plut d'examiner les batailles d'Horace Vernet, les marines de Gudin, les aquarelles de Decamps ; soit qu'ils aimassent mieux nouer quelque conversation particulière ou prendre part à cette portion de conversation générale qui flotte toujours dans un salon et à laquelle s'accrochent les gens qui ne savent ni causer à deux, ni, ce qui est bien autrement difficile, garder le silence.

Quelqu'un qui eût eu intérêt à s'apercevoir de cela eût pu remarquer que, malgré tous les déplacements que l'arrivée des nouveaux venus imposait à la maîtresse de la maison, quelque part que se trouvât madame de Marande, sa révérence faite, son baiser donné, son serrement de main accompli, M. Lorédan de Valgeneuse avait le talent de se retrouver près d'elle.

Lydie avait remarqué cette insistance, et soit qu'elle lui déplût en réalité, soit qu'elle craignît que quelque autre qu'elle la remarquât, elle avait essayé d'y échapper une première fois, en venant s'asseoir à côté de Régina, et en interrompant pour quelques instants la douce conversation des deux beaux jeunes gens, égoïsme qu'elle s'était bien vite reproché; une seconde fois, en allant se réfugier sous l'aile du vieux voltairien que nous avons vu si rigide observateur des dates dans sa conversation avec la marquise de la Tournelle.

Cette fois, madame de Marande s'obstinait à vouloir tirer du cœur du vieux comte ce secret qui rendait soucieux un visage d'ordinaire souriant, plus que souriant, railleur.

Mais que le chagrin du vieux comte lui vînt du cœur ou, ce qui pour lui était bien autrement grave, de l'estomac, il ne paraissait pas le moins du monde décidé à faire madame de Marande confidente de son secret.

Quelques mots de leur conversation parvinrent jusqu'à Pétrus et Régina et les tirèrent de leur extase.

Les deux jeunes gens échangèrent un regard.

De la part de Régina, ce regard voulait dire :

— Nous sommes bien imprudents, Pétrus, voilà une demi-heure que nous causons ensemble avec autant d'abandon que si nous étions dans la serre du boulevard des Invalides.

— Oui, répondit le regard de Pétrus, bien imprudents, c'est vrai, mais bien heureux, ma bien-aimée Régina.

Puis, comme ils avaient échangé un regard, les deux jeunes gens échangèrent à distance, et par un simple frissonnement de lèvres, un de ces baisers que le cœur envoie au cœur, et comme s'il était naturellement attiré par la conversation de son oncle et de madame de Marande, Pétrus s'approcha d'eux, et, le sourire de l'insouciance sur les lèvres :

— Mon oncle, fit-il en enfant gâté qui se croit le droit de tout dire, je vous préviens que si vous ne confiez pas à madame de Marande, qui vous a fait l'honneur de vous le demander deux fois, la cause de vos soucis, par notre aïeul Josselin II, qu'on appelait Josselin-le-Galant un siècle et demi avant que la galanterie fût découverte, par cet ancêtre mort au champ d'honneur de l'amour, je vous jure, mon oncle, que je vous dénonce à madame, et que je révèle la véritable cause de vos peines, si mystérieuse qu'elle soit.

— Révèle, garçon, dit le général avec un certain air de tristesse, qui donna à douter à Pétrus que son oncle fût sous la seule préoccupation d'une digestion laborieuse, révèle, mais, si tu m'en crois, avant la révélation tu tourneras ta langue sept fois

fois dans ta bouche, de peur de te fourvoyer.

— Oh! je n'ai crainte, mon oncle, dit Pétrus.

— Alors, dites vite, monsieur Pétrus, car je meurs d'inquiétude, reprit madame de Marande, qui, elle aussi, paraissait tourner sa langue sept fois dans sa bouche avant d'aborder le véritable sujet de conversation qui l'avait amenée là.

— Vous mourez d'inquiétude, madame, dit le vieux général; eh bien! voilà qui dépasse tout à fait ma perspicacité. Aurais-je le bonheur, par hasard, que vous eussiez quelque faveur à me demander, et craignez-vous que ma mauvaise humeur influe sur ma réponse?

— O profond philosophe ! dit madame de Marande, qui vous a donc révélé ainsi les secrets du cœur humain ?

— Donnez votre belle main, madame.

Lydie tendit la main au vieux général, après lui avoir fait la galanterie d'ôter son gant.

— Quelle merveille, dit le général; je croyais qu'il n'y avait plus de ces mains-là.

Il l'approcha de ses lèvres, puis, s'arrêtant :

— Oh! par ma foi, dit-il, c'est un sacrilége que des lèvres de soixante-six ans touchent un pareil marbre.

— Comment, dit madame de Marande en minaudant, vous refusez de baiser ma main, général !

— Cette main est-elle à moi en toute propriété pour une minute ?

— En toute propriété, général.

Le général se tourna vers Pétrus.

— Approche ici, garçon, lui dit-il, et baise-moi cette main-là.

Pétrus obéit.

— Là, maintenant prends garde, car, après un pareil cadeau, je me crois parfaitement libre de te déshériter.

Puis, à madame de Marande :

— Donnez vos ordres, madame, dit le vieux comte, votre indigne serviteur les attend à genoux.

— Non, je suis femme et entêtée. Je veux auparavant savoir quelle chose vous rend si soucieux, mon cher général.

— Vous avez ce coquin-là qui va vous le dire. Ah ! madame, à son âge, je me serais fait tuer pour baiser une pareille main. Que le paradis n'est-il à reperdre et que ne suis-je Adam !

— Ah ! général, dit madame de Marande, on ne peut être à la fois Adam et le serpent. Voyons, monsieur Pétrus, dites-nous ce qui est arrivé à votre oncle.

— Eh bien ! madame, voici le fait. Mon oncle, qui a l'habitude de se préparer par la méditation à tous les actes importants de sa vie, a l'habitude, à cet effet, de rester seul une heure avant son dîner, et je crois...

— Vous croyez ?

— Eh bien ! je crois que sa chère solitude a été troublée aujourd'hui.

— Ce n'est pas cela, dit le général. Tu n'as tourné ta langue que sept fois, tourne-la quatorze.

— Mon oncle, continua Pétrus sans s'inquiéter du démenti que lui donnait le vieux général, mon oncle a reçu aujourd'hui, entre cinq et six heures, la visite de madame la marquise Yolande Pontaltais de la Tournelle.

Régina, qui ne demandait qu'une occasion de se rapprocher de Pétrus, et de ne pas perdre une de ses paroles dont chaque syllabe avait le don de faire battre son cœur, Régina, en entendant prononcer le nom de sa tante, crut que c'était une occasion de prendre part à la conversation.

Elle se leva donc de sa causeuse et s'approcha doucement du groupe.

Pétrus ne la vit pas, ne l'entendit pas, mais il la sentit venir et frissonna de tous ses membres.

Ses yeux se fermèrent, sa voix s'éteignit.

La jeune fille comprit de son côté ce qui se passait dans le cœur de son cœur et elle en ressentit une volupté étrange.

— Eh bien! dit-elle d'une voix douce comme les vibrations d'une harpe éolienne, est-ce parce que je suis là que vous ne parlez plus, monsieur Pétrus?

— O jeunesse! jeunesse! murmura le vieux général.

VI

Séduction.

Il s'élevait tout autour de ce beau groupe un parfum de jeunesse et de santé, de bonheur et de gaîté, qui parvint à décider le vieux général.

On eût dit, au regard qu'il jeta sur Pétrus, qu'il pouvait d'un mot faire évanouir tout cela, mais qu'il avait pitié, tout égoïste qu'il fût, de souffler sur ce beau palais de nuages dont son neveu avait fait sa demeure.

Il lui prêta donc le flanc, au contraire.

— Va, garçon, va, dit-il, tu brûles.

— Eh bien! puisque mon oncle le permet, continua Pétrus forcé de persister dans son récit de rapin, je vous dirai donc que madame de la Tournelle, comme toutes les...

Pétrus allait dire comme toutes les vieilles femmes, mais à quatre pas de lui il aperçut à temps le visage désobligeant d'une douairière, et il se reprit en disant :

— Je vous dirai donc que madame de la Tournelle, comme toutes les marquises, a un carlin, ou plutôt une carline, qu'on appelle Croupette.

— Un nom charmant, dit madame de Marande ; je ne connaissais pas le nom, mais je connaissais le carlin.

— Alors, continua Pétrus, vous pourrez apprécier la vérité du récit. Il paraît que ce carlin, ou plutôt cette carline, sent le musc d'une façon extravagante. — Y suis-je ? mon oncle.

— Tout à fait, dit le vieux général.

— Eh bien, il paraît encore que l'odeur

du musc a la propriété de faire tourner les sauces, et comme mademoiselle Croupette est très gourmande, que chaque fois que mademoiselle de la Tournelle vient voir mon oncle, mademoiselle Croupette va voir le cuisinier, j'oserais dire que mon très cher oncle a eu aujourd'hui un dîner détestable, et que voilà ce qui le rend si sombre et si mélancolique.

— Bravo, garçon, il est impossible d'être meilleur devin, et cependant si je voulais bien chercher, moi, ce qui te rend si gai et si distrait, je crois que je rencontrerais plus juste encore. Mais j'ai hâte de savoir ce que cette belle sirène veut de moi, et je remettrai l'explication à un autre jour.

Puis, se retournant vers madame de Marande :

— Vous aviez dit, madame, que vous aviez quelque chose à me demander, j'attends.

— Général, dit madame de Marande regardant le vieillard avec ses plus doux yeux, vous avez eu l'imprudence de dire plusieurs fois que, pour mon service personnel votre bras, votre cœur, votre tête, en un mot tout ce dont vous aviez la libre disposition et le libre usage, était à moi. Vous m'avez dit cela, n'est-il pas vrai?

— C'est la vérité, madame, répondit le comte avec cette galanterie qu'en 1827 on ne rencontrait déjà plus que chez les vieillards, je vous ai dit que n'ayant pas eu le bonheur de vivre, j'aurais une grande joie à mourir pour vous.

— Et vous êtes toujours dans cette louable disposition, général ?

— Plus que jamais.

— Eh bien ! voici une occasion, je vous jure, de me le prouver.

— Votre occasion n'eût-elle qu'un cheveu, madame, je vous promets de la saisir par là.

— Ecoutez-moi donc, général ?

— Je suis tout oreilles, madame.

— C'est justement de cette partie de votre personne dont je vous demande l'aliénation provisoire en ma faveur.

— Que voulez-vous dire ?

— J'ai besoin de vos oreilles pour toute la soirée, général.

— Que ne le disiez-vous tout de suite, belle dame. Voyons, faites-moi donner une paire de ciseaux et je vous en fais l'holocauste sans peur, sans regret et même sans reproche, à la seule condition qu'après mes oreilles vous ne me demanderez pas mes yeux.

— Oh! général, dit madame de Marande, rassurez-vous, il ne s'agit pas de les détacher du tronc, où elles me semblent admirablement placées, mais tout simplement de les tendre du côté que je vous dirai, pendant une heure et avec une attention soutenue, autrement dit, général, je vais avoir l'honneur de vous présenter une de mes amies de pension, des meilleures, une jeune fille que Régina et moi nous appelons notre sœur. C'est vous dire, général, qu'elle est digne de tous vos égards, comme elle est digne de toute notre amitié. Cette jeune fille est orpheline.

— Orpheline! répéta Jean Robert, ne venez-vous pas de dire, madame, que vous et madame la comtesse Rappt étiez ses sœurs?

Madame de Marande remercia Jean Robert d'un sourire et continua :

— Elle est orpheline de père et de mère. Son père, brave capitaine de la garde, officier de la Légion-d'Honneur, a été tué à Champaubert, en 1814. Voilà comment elle fut élevée avec nous à Saint-Denis. Sa mère est morte dans ses bras il y a deux ans; elle est pauvre.

— Elle est pauvre, répéta le général ; ne venez-vous pas de dire qu'elle avait deux amies?

— Pauvre et fière, général, continua madame de Marande, et elle veut demander à l'art une existence que lui refuseraient ses travaux d'aiguille, puis elle a une immense douleur, non pas à oublier, mais à endormir.

— Une immense douleur ?

— Oh ! oui, la plus grande, la plus profonde douleur que puisse contenir le cœur d'une femme. Maintenant, général, vous savez cela, et vous lui pardonnerez la tristesse de son visage, et vous écouterez sa voix.

— Et, demanda le général — pardon de la question, elle est moins indiscrète qu'elle ne semble au premier abord — dans la carrière à laquelle votre amie se destine, la beauté n'est point une chose inutile. Votre amie est-elle belle ?

— Comme la Niobé antique à vingt ans, général.

— Et elle chante ?

— Je ne vous dirai pas comme la Pasta, je ne vous dirai pas comme la Malibran, je ne vous dirai pas comme la Catalani, je vous dirai comme elle-même, non, elle ne chante pas, elle pleure, elle souffre, elle fait pleurer et souffrir.

— Quelle voix ?

— Un magnifique contralto.

— S'est-elle fait entendre déjà ?

— Jamais ! pour la première fois, ce soir, elle chantera devant cinquante personnes réunies.

— Et vous désirez ?

— Je désire, général, que vous qui êtes un dilettante consommé, et surtout un admirable connaisseur, je désire que vous l'écoutiez de toutes vos oreilles, et, quand vous l'aurez entendue, je désire que vous fassiez pour elle ce que vous feriez pour moi en pareille occasion, je désire, pour me servir de vos propres expressions, que vous viviez pour notre bien-aimée Carmélite, n'est-ce pas Régina ? que vous n'ayez pas un moment de vos jours qui ne soit consacré exclusivement à elle; je désire, en un mot, que vous vous déclariez son chevalier, et qu'à partir de cette heure elle n'ait pas de défenseur plus ardent et d'admirateur plus passionné que vous. Je sais que votre voix fait loi à l'Opéra, général.

— Ah ! ne rougissez pas, mon oncle, dit Pétrus, c'est connu.

— Je désire, répéta madame de Marande, que vous disiez ce nom de mon amie —

Carmélite — à tous les échos que vous avez pour amis, non pas que je veuille, présentement du moins, la faire engager ; nos prétentions ne vont point jusque-là à l'Opéra, mais comme c'est de votre loge...

— De la loge infernale, fit Pétrus. Oh ! dites le mot, madame.

— Soit, comme c'est de la loge infernale que partent toutes les trompettes de la renommée, comme c'est dans la loge infernale que s'échafaudent toutes les gloires présentes, je compte sur votre vraie et dévouée amitié, général, pour chanter les louanges de Carmélite dans tous les lieux que vous daignerez hanter, au Club, aux Courses, au Café Anglais, chez Tortoni, à à l'Opéra, aux Italiens, et je vous dirais même au château, général, si votre présence dans mon réduit n'était la plus haute protestation de vos sympathies politiques. Promettez-moi donc de *lancer* — n'est-ce point le mot consacré — ma belle et triste amie aussi loin et aussi vite que vous pourrez. Je vous en aurai, général, une reconnaissance éternelle.

— Je vous demande un mois pour la lancer, belle dame, deux mois pour la faire engager et trois mois pour la faire entendre. A moins qu'elle ne veuille débuter dans un opéra nouveau; auquel cas ce sera l'affaire d'un an.

— Oh! elle débutera dans tout ce que l'on voudra : elle sait le répertoire français et italien.

— En ce cas, dans trois mois, je vous amène votre amie couverte de lauriers des pieds à la tête.

— Alors, c'est que vous partagerez les vôtres avec elle, général, dit madame de Marande en tendant la main au vieux comte et en serrant la sienne cordialement.

— Et moi aussi, général, dit une douce voix qui fit tressaillir Pétrus, moi aussi, dit Régina, je vous en aurai une reconnaissance infinie.

— Je n'en doute pas un instant, princesse, dit le vieillard qui, par courtoisie, continuait de donner à la comtesse Rappt son titre de jeune fille, et qui, en disant de ne pas douter de la reconnaissance de Régina, avait regardé son neveu.

— Eh bien, donc, dit le général, il ne vous reste plus, madame, qu'à me présenter à votre amie comme son plus dévoué serviteur.

— Ce sera bien facile, général, elle est là.

— Comment, là ?

— Oui, là, dans ma chambre à coucher ; j'ai voulu lui épargner l'ennui, c'est toujours ennuyeux pour une jeune femme de traverser tous ces salons et de se faire annoncer. Voilà pourquoi nous sommes ici en petit comité ; voilà pourquoi, pour les unes il y avait sur les invitations dix heures, pour les autres minuit : je voulais lui faire un cercle d'amis choisis et indulgents.

— Je vous remercie, madame, dit Lorédan, trouvant cette occasion de se mêler à la conversation, de m'avoir mis au nombre des élus; mais je vous en veux de me croire assez peu important pour ne pas me recommander votre amie.

— Oh! monsieur le baron, dit madame de Marande, vous êtes trop compromettant pour qu'on vous recommande une jeune et belle personne de vingt ans. Sa beauté, d'ailleurs, suffira pour se recommander près de vous.

— Le moment est mal choisi, madame, et je vous proteste qu'en ce moment une seule beauté a le droit...

— Pardon, monsieur, dit une voix de la

plus grande douceur et de la plus exquise politesse, tout en interrompant cependant le baron, mais j'aurais un mot à dire à madame de Marande.

Lorédan se retourna en fronçant le sourcil ; mais, reconnaissant M. de Marande lui-même qui, le sourire sur les lèvres et la prière qu'on l'excusât dans les yeux, tendait le bras à sa femme, il s'effaça vivement.

— Vous avez quelque chose à me dire ? monsieur, fit madame de Marande en préssant avec affection le bras de son mari, dites.

Puis, se retournant :

— Vous excusez, général ?

— Heureux qui a de pareils droits, répondit le comte Herbel.

— Que voulez-vous, général, dit en riant madame de Marande, ce sont les droits du seigneur.

Et elle se retira doucement du cercle, appuyée sur le bras de son mari.

— Me voici à vos ordres, monsieur, dit Lydie.

— En vérité, je ne sais comment vous dire cela ; c'est une chose que j'avais complètement oubliée, et que, par bonheur, je viens de me rappeler.

— Dites.

— M. Thompson, mon correspondant des États-Unis, m'a recommandé un jeune homme et une jeune femme de la Lousiane qui ont une lettre de crédit pour moi. Je leur ai fait donner une carte d'invitation pour votre soirée, et voilà que j'ai oublié leurs noms.

— Eh bien?

— Eh bien, je m'en rapporte à votre sagacité de reconnaître deux visages étrangers, et à votre courtoisie de recevoir gracieusement deux personnes recommandées par M. Thompson. Voilà, madame, tout ce que j'avais à vous dire.

— Comptez sur moi, monsieur, dit avec un charmant sourire madame de Marande.

— Merci ! Maintenant, laissez-moi vous faire tous mes compliments. Vous êtes toujours en beauté, madame, mais, ce soir, vous êtes véritablement splendide.

Et, baisant galamment la main de sa femme, M. de Marande la conduisit jusqu'à la porte de sa chambre à coucher, dont madame de Marande souleva la portière en disant :

— Quand tu voudras, Carmélite ?

VII

Carmélite.

Au moment où madame de Marande prononçait ces mots : « Quand tu voudras? Carmélite, » en entrant dans la chambre à coucher et en laissant retomber la portière derrière elle, on annonçait à la porte du salon :

— Monseigneur Coletti.

Profitons des quelques secondes que va mettre Carmélite à se rendre à l'invitation de son amie pour jeter un coup d'œil rapide sur monseigneur Coletti qu'on annonce et qui fait son entrée.

Nos lecteurs se rappellent peut-être avoir entendu prononcer le nom de ce saint homme par madame de la Tournelle.

En effet, monseigneur Coletti était le directeur de la marquise.

Monseigneur Coletti était, en 1827, non-seulement un homme en faveur, mais encore un homme en réputation ; non-seulement un homme en réputation, mais un homme à la mode.

Ces conférences qu'il venait de tenir pendant le carême lui avaient fait une réputation de grand prédicateur, que nul, si peu dévot qu'il fût, ne songeait à lui contester, excepté Jean Robert peut-être, qui, poète avant tout et voyant tout en poète, s'étonnait toujours que les prêtres, ayant un texte aussi magnifique que l'Évangile, fussent d'ordinaire si mal inspirés, si peu éloquents.

Il lui semblait à lui, qui luttait et qui luttait victorieusement contre un auditoire bien autrement rebelle que celui qui vient s'édifier aux conférences saintes, il lui semblait qu'il eût eu, s'il fût monté en chaire, une parole bien autrement persuasive ou bien autrement tonnante que toutes les paroles musquées de ces mondains prélats dont une fois par hasard il allait écouter les homélies.

Alors il se prenait à regretter de n'être pas prêtre, de ne pas avoir une chaire au lieu d'un théâtre et des auditeurs chrétiens au lieu de spectateurs profanes.

Bien que ses fins bas de soie et tout son costume de couleur violette révélassent un dignitaire de l'Église, on pouvait, à la première vue, prendre monséigneur Coletti pour un simple abbé du temps de Louis XV, tant sa figure, sa tournure, son air, sa démarche et son dandinement dénonçaient un galant coureur de ruelles bien plus qu'un rigide prélat, prêchant abstinence en carême ; on eût dit qu'après s'être endormi comme Épimémide pendant un demi-siècle dans le boudoir de madame de Pompadour ou de madame Dubarry, monseigneur Coletti s'était réveillé tout à coup, et s'était mis à courir le monde sans s'être informé des changements qui y étaient survenus dans les mœurs ou dans les coutumes, ou bien encore qu'arrivé tout frais de la cour pontificale, il s'était fourvoyé au milieu d'une réunion française avec son costume d'abbé ultramontain.

Au premier abord c'était un joli prélat dans toute l'acception du mot, rose, frais, paraissant trente-six ans à peine. Mais, en y regardant de plus près, on s'apercevait que monseigneur Coletti avait pour son visage la faiblesse qu'ont pour le leur les femmes de quaránte-cinq ans qui tiennent à n'en paraître que trente.

Monseigneur Coletti mettait du blanc, monseigneur Coletti mettait du rouge.

Lorsqu'on parvenait à percer cette couche de badigeon, et qu'on arrivait jusqu'à la peau, on était effrayé de rencontrer sous cette apparence animée quelque chose de morbide et d'éteint qui faisait froid.

Maintenant deux choses cependant vivaient sous ce masque immobile comme un visage de cire :

Les yeux et la bouche.

Les yeux petits, noirs et profonds, lançant des éclairs rapides, menaçants même, puis se voilant aussitôt sous une paupière doucereuse et béate.

La bouche petite, fine, avec sa lèvre inférieure moqueuse, spirituelle, méchante, méchante par moment jusqu'au venin.

L'ensemble de cette physionomie pouvait parfois révéler l'esprit, l'ambition, la luxure, mais jamais la bonté. Au premier aspect on sentait qu'on avait tout intérêt à ne pas avoir cet homme pour ennemi; mais nul n'eût éprouvé, au point de vue de la sympathie, le désir de s'en faire un ami.

Sans être grand, il était, comme disent les bourgeois en parlant d'un homme d'église, d'une belle prestance. Joignez à cela quelque chose d'éminemment hautain, dédaigneux, impertinent dans sa façon de porter la tête, de saluer les hommes, d'entrer dans un salon, d'en sortir, de s'asseoir et de se lever.

En revanche, il paraissait avoir gardé ses plus fines fleurs de courtoisie pour les femmes. Il clignait des yeux en les regardant d'une façon toute significative, et sa figure prenait, lorsque la femme à laquelle il adressait la parole lui plaisait, une indéfinissable expression de luxurieuse douceur.

Ce fut avec ces yeux à demi-fermés et clignotant qu'il entra dans ce salon qu'on pouvait appeler le salon des femmes, tandis que le général, qui connaissait monseigneur Coletti de longue main, murmurait entre ses dents, en l'entendant annoncer :

— Entrez, monseigneur Tartufe.

Cette annonce, cette entrée, ce salut, l'hésitation de monseigneur Coletti à s'asseoir, l'espèce d'importance qui s'attachait enfin au prédicateur en renom du dernier carême, avaient détourné un instant l'attention de Carmélite, nous disons un instant, car il ne s'était passé qu'un instant entre le moment où madame de Marande avait laissé retomber la portière et celui où la portière se releva pour donner passage aux deux amies.

Il était impossible de voir un plus saisissant contraste que celui qui existait entre madame de Marande et Carmélite.

Mais était-ce bien là Carmélite?

Oui, c'était elle, mais non plus la Carmélite dont nous avons copié le portrait dans la monographie de la rose, non plus la Carmélite aux joues empourprées, au teint brillant, au front éclatant de candeur et d'innocence, non plus la Carmélite à la lèvre souriante, aux narines dilatées pour absorber le parfum de ce champ de fleurs qui s'étendait sous ses fenêtres et embaumait le tombeau de La Vallière; non, la Carmélite nouvelle, c'était une grande jeune femme dont les cheveux noirs retombaient toujours avec la même nonchaance et le même luxe sur ses épaules, mais les épaules étaient de marbre. C'était le même front, haut, découvert, intelligent, mais le front était d'ivoire. C'étaient les mêmes joues, autrefois tintées des nuances rosées de la jeunesse et de la santé, mais aujourd'hui décolorées, pâlies et devenues d'une étrange mateur.

Les yeux surtout, déjà si grands et si beaux, semblaient avoir grandi de moitié. Ils lançaient toujours des flammes, mais les étincelles étaient devenues des éclairs, et le cercle bistré qui les enveloppait faisait que ces éclairs semblaient sortir d'une nuée d'orage.

Puis, ses lèvres autrefois de pourpre, ses lèvres qui, après son évanouissement, avaient eu tant de peine à revenir à la vie, ses lèvres n'avaient pu reprendre leur couleur primitive; elles avaient seulement atteint, et à grand'peine, la pâle nuance du corail rose. Mais il faut le dire, par cela même, elles complétaient à merveille ce singulier ensemble qui faisait toujours de Carmélite une beauté de premier ordre, mais qui donnait une teinte fantastique à cette beauté.

Elle était simplement, mais adorablement vêtue.

Poussée par les trois sœurs à venir à la soirée de Lydie, mais bien plus encore soutenue par sa résolution de se faire promptement indépendante, la question de la toilette dans laquelle elle viendrait avait été longtemps débattue.

Il va sans dire que Carmélite n'avait été pour rien dans le débat.

Carmélite avait tout d'abord déclaré qu'elle était la veuve de Colomban, dont elle porterait le deuil toute sa vie, et qu'elle ne viendrait qu'en robe noire.

Maintenant Fragola, Lydie et Régina pouvaient tailler et orner cette robe comme elles l'entendraient.

Régina décida que la robe serait de dentelle noire sur corsage et jupon de satin noir, et qu'elle aurait pour tout ornement une guirlande de cette sombre fleur violette, emblème de tristesse, qu'on appelle l'ancolie.

Aux fleurs seraient entremêlées des branches de cyprès.

La couronne tressée par Fragola, la plus savante des trois dans cet habile mariage des fleurs, dans cette intelligente fusion des nuances, se composait, comme la guirlande de la robe, comme le bouquet du corsage, de branches de cyprès, et de fleurs d'ancolie.

Un collier de perles noires, précieux cadeau de Régina, ceignait le cou.

Quand Carmélite sortit ainsi pâle et cependant parée de la chambre à coucher de madame de Marande, ceux qui s'attendaient à la voir, mais non pas à la voir ainsi, jetèrent un cri où se confondaient l'admiration et la terreur.

On eût dit une apparition antique, la Norma ou la Médée.

Un frisson courut dans toutes les veines.

Le vieux général, tout sceptique qu'il était, comprit qu'il y avait là quelque chose de saint comme le dévoûment, de grand comme le martyre.

Il se leva et attendit.

De son côté, aussitôt que Carmélite parut, Régina courut à elle.

Le spectre splendide s'avança entre les deux jeunes femmes rayonnantes de vie et de bonheur.

Tout le monde suivait du regard ce

groupe silencieux avec une curiosité qui touchait à l'émotion.

— Oh ! que tu es pâle, ma pauvre sœur ! dit Régina.

— Que tu es belle, ô Carmélite ! dit madame de Marande.

— J'ai cédé à vos instances, mes bien-aimées, dit la jeune femme, mais, en vérité, pendant qu'il en est temps encore, peut-être devriez-vous me dire de m'arrêter.

— Pourquoi cela ?

— Savez-vous que je n'ai pas ouvert un piano depuis que nous avons chanté ensemble notre *Adieu à la vie*. Si la voix allait me manquer, si j'avais tout oublié !

— On n'oublie pas ce qu'on n'a point appris, Carmélite, dit Régina. Tu chantais comme les oiseaux. Est-ce que les oiseaux désapprennent de chanter ?

— Régina a raison, répliqua madame de Marande, et je suis sûre de toi, comme au fond tu en es sûre toi-même. Chante donc sans trouble, ma bien chérie, jamais artiste n'aura eu, je t'en réponds, pour l'écouter, un auditoire plus sympathique.

— Oh ! chantez, chantez, madame, dirent toutes les voix, excepté les voix de Suzanne et de Lorédan, celles du frère et de la sœur, qui regardaient, le frère avec surprise, la sœur avec envie, cette sombre, mais splendide beauté.

Carmélite remercia en inclinant la tête et continua son chemin vers le piano et en même temps vers le comte Herbel.

Celui-ci fit deux pas au-devant d'elle, et s'inclina.

— Monsieur le comte, dit madame de Marande, j'ai l'honneur de vous présenter mon amie la plus chère, car de mes trois amies, c'est la plus malheureuse.

Le général salua une seconde fois, et, avec une courtoisie digne des vieilles cours :

— Mademoiselle, dit-il, je regrette que madame de Marande ne m'ait pas donné une tâche plus difficile que celle de publier vos louanges. Croyez que je m'y emploierai de toute mon âme, et que je me considérerai encore comme votre débiteur.

— Oh! chantez, chantez, madame, murmurèrent quelques voix avec l'accent de la prière.

— Tu vois, chère sœur, dit madame de Marande, tout le monde attend avec impatience. Veux-tu commencer ?

— A l'instant même si on le désire, répondit simplement Carmélite.

— Que vas-tu chanter ? demanda Régina.

— Choisissez vous-même.

— Tu n'as pas de préférence?

— Aucune!

— J'ai tout *Otello* ici.

— Va donc pour *Otello*.

— Est-ce que tu t'accompagnes toi-même? demanda madame de Marande.

— Quand je ne puis pas faire autrement, répondit Carmélite.

— Moi je t'accompagnerai, dit vivement Régina.

— Et moi je tournerai les pages, fit Lydie. Entre nous deux tu n'auras pas peur.

— Je n'aurai pas peur... dit Carmélite en secouant mélancoliquement la tête.

En effet, la jeune fille était parfaitement calme. Elle posa sa main immobile et froide sur la main de madame de Marande. Son front exprimait la plus ineffable sérénité.

Madame de Marande se dirigea vers le piano, et, au milieu des partitions empilées, prit celle d'*Otello*.

Carmélite resta debout et appuyée à Régina aux deux tiers du boudoir à peu près.

Tout le monde s'était assis et demeurait dans l'attente. On n'entendait pas un souffle sortir de toutes ces poitrines.

Madame de Marande plaça la partition sur le piano tandis que Régina, s'avançant à son tour, s'assit et parcourut rapidement le clavier dans un brillant prélude.

— Veux-tu chanter la *Romance du Saule?* demanda madame de Marande.

— Volontiers, répondit Carmélite.

Madame de Marande ouvrit la partition à l'avant-dernière scène du dernier acte.

Régina se retourna vers Carmélite, les mains étendues et toutes prêtes à commencer.

En ce moment le domestique annonça :

— M. et madame Camille de Rozan.

VIII

La Romance du Saule.

Un long, sourd et profond soupir, parti de trois ou quatre endroits de la salle, suivit cette annonce.

Un profond silence succéda à cette exclamation de douleur.

On eût dit que toutes les personnes présentes connaissaient l'histoire de Carmélite, et que l'effroi venait de tirer de leur âme ce douloureux gémissement, qu'elles n'avaient pu retenir en entendant annoncer, et en voyant tout à coup apparaître, le feu dans les yeux, la joie sur les lèvres, l'insouciance au front, ce jeune homme qu'on pouvait en quelque sorte regarder comme le meurtrier de Colomban.

Ce soupir avait été poussé à la fois par Jean Robert, par Pétrus, par Régina et par madame de Marande.

Quant à Carmélite, non-seulement elle n'avait ni crié ni soupiré, mais elle était restée sans souffle et sans haleine, immobile comme une statue.

M. de Marande seul, qui venait d'entendre et de reconnaître le nom oublié par lui, s'avança au-devant du jeune couple qui lui était annoncé par son correspondant de la Nouvelle-Orléans, en disant :

—Vous arrivez à merveille, monsieur de Rozan. Si vous voulez vous asseoir et écouter, vous allez entendre, à ce qu'assure madame de Marande, la plus belle voix que vous ayez jamais entendue.

Et offrant le bras à madame Rozan, il la conduisit à un fauteuil, tandis que Camille cherchait dans le spectre qu'il avait devant les yeux à reconnaître Carmélite et poussait, en la reconnaissant, un faible cri d'étonnement.

Les deux jeunes femmes s'étaient élancées vers leur amie, croyant qu'elle avait besoin de secours et s'attendant, dans l'état de faiblesse où elle était encore, à la voir s'évanouir dans leurs bras.

Mais, à leur grand étonnement, Carmélite était restée debout et l'œil fixe; seulement son teint avait passé de la pâleur à la lividité.

Cet œil fixe, immobile, sans expression, sans vie apparente, semblait ne plus rien regarder. Le cœur avait l'air de ne plus battre, tant le corps paraissait subitement pétrifié.

Elle était effrayante à voir ainsi, d'autant plus effrayante, qu'à part cette lividité terrible, son visage de marbre ne paraissait pas porter la trace de la plus petite émotion.

— Madame, dit M. de Marande en s'approchant de sa femme, ce sont les deux personnes dont j'ai eu l'honneur de vous parler.

— Occupez-vous d'elles, je vous en supplie, monsieur, dit madame de Marande, moi, je suis toute à Carmélite. Voyez l'état où elle est.

En effet, cette lividité, ce regard atone, cette immobilité sculpturale frappèrent M. de Marande.

— Oh! mon Dieu! mademoiselle, demanda-t-il avec le ton du plus vif intérêt, que vous est-il donc arrivé?

— Rien, monsieur, dit Carmélite en relevant la tête de ce mouvement que fait un cœur puissant pour regarder le malheur en face ; — rien !

— Ne chante pas, ne chante pas ce soir, murmura sourdement Régina à Carmélite.

— Et pourquoi donc ne chanterais-je pas ? demanda Carmélite.

— Le combat est au-dessus de tes forces, dit Lydie.

— Tu vas voir, répondit Carmélite.

Et quelque chose, comme le pâle reflet d'un sourire de morte, se dessina sur ses lèvres.

— Tu le veux, fit Régina en se remettant au piano.

— Ce n'est point la femme qui va chanter, Régina, dit la jeune fille, c'est l'artiste.

Et Carmélite fit les trois pas qui la séparaient encore du piano.

— A la grâce de Dieu! dit madame de Marande.

Régina préluda une seconde fois.

Carmélite commença.

Assisa al piè d'un salice.

La voix était restée ferme, assurée, et si, dès le second vers, une profonde émotion vint saisir les spectateurs, cette émotion résultait bien plus de la douleur de Desdemona que de la souffrance de Carmélite.

Il était en effet difficile de choisir un chant mieux approprié à la douleur de la jeune fille. Les craintes mortelles qui venaient assaillir le cœur de Desdemona, quand elle chante le premier couplet à l'esclave africaine, sa nourrice, étaient en quelque façon la formule des angoisses qui serraient son propre cœur.

L'orage qui plane au-dessus du palais qu'elle habite, le vent qui vient briser un panneau de la croisée gothique de sa chambre, le tonnerre qui roule avec fracas dans le lointain ; la nuit qui est sombre, la lampe qui vacille tristement, tout, dans cette soirée funeste, jusqu'à ces mélancoliques vers du Dante que chante dans le lointain un gondolier en passant sur sa barque :

> Nessum maggior dolore
> Che ricordarsi del tempo felice
> Nella miseria.

Tout jette la pauvre Desdemona dans le désespoir le plus profond. Le vent tempestueux, le tonnerre sourd et grondant, cette chanson mélancolique, tout est présage mauvais, tout est sinistre augure.

Le chant de la statue dans le *Don Juan* de Mozart, le désespoir de la pauvre dona Anna quand elle heurte le cadavre de son père sont peut-être les deux seules situations comparables à cette poignante scène de pressentiment.

Nulle musique, nous le répétons, n'était donc plus propre que celle du grand maître italien à formuler les douleurs de Carmélite.

Ce Colomban, brave, loyal et fort, dont elle menait le deuil en son cœur, n'était-il pas, en quelque sorte, le sombre et loyal Africain amoureux de Desdemona ?

Ce sinistre Iago, cet ami venimeux qui sème dans le cœur d'Othello les poisons de la jalousie, n'était-ce pas, toute proportion gardée, cet Américain frivole qui avait fait autant de mal avec sa légèreté qu'Iago en avait pu faire avec sa haine?

Eh bien! cette situation était celle où se trouvait Carmélite en revoyant Camille, et cette romance, qu'elle chantait avec tant d'expression et tant de fermeté à la fois, cette romance était un martyre continuel, et chaque note s'enfonçait dans son cœur froide et douloureuse comme la lame d'un poignard.

Après le premier couplet, tout le monde applaudit avec le franc enthousiasme qu'excite tout talent nouveau chez le public qui n'est pas intéressé à porter un faux jugement.

Le second couplet :

> I ruselletti limpidi
> A Caldi suoi sospiri.

remplit les auditeurs d'étonnement. Ce

n'était plus une femme, ce n'était plus une chanteuse qui faisait pleuvoir de sa bouche cette cascade de plaintes; c'était la douleur qui se chantait elle-même.

Le refrain surtout :

>Laura fra i 1 ami flebile
>Repetiva il suon.

fut dit avec une mélancolie si touchante, que tout le poème désespéré de la jeune fille dut en ce moment repasser devant les yeux de ceux qui la connaissaient, comme il repassait, bien certainement, devant les siens.

Régina était devenue presque aussi pâle que Carmélite; Lydie pleurait.

En effet, jamais voix plus sympathique

à cette époque où tant de grandes cantatrices : la Pasta, la Pizaroni, la Mainvielle, la Catalani, la Malibran ravissaient leur auditoire, jamais timbre plus frémissant n'émut le cœur des dilettanti dans cette belle langue italienne qui est elle-même une musique. Mais qu'on nous permette de dire en quelques lignes, pour ceux qui ont connu ces grands artistes que nous venons de nommer, qu'on nous permette de dire en quoi la voix de notre héroïne différait de celle de ces illustres cantatrices.

La voix de Carmélite avait naturellement une étendue extraordinaire. Elle donnait le *sol* d'en bas avec la même facilité et la même sonorité que madame Pasta donnait le *la*, et, en partant de là, elle montait jusqu'au *ré* aigu. Elle pouvait donc chanter, et c'était le merveilleux miracle de sa voix, les rôles de contralto aussi bien que les rôles de soprano.

Effectivement, nulle voix de soprano n'était plus pure, plus riche, plus brillante, plus propre aux fioritures, aux *gorgheygi*, s'il nous est permis de nous servir de ce mot employé spécialement à Naples pour désigner le gazouillement du gosier, dont tout soprano qui débute abuse, à notre avis, si démesurément.

Quant à la voix de contralto, elle était unique.

Chacun connaît les effets prodigieux, magnétiques, pour ainsi dire, de la voix de contralto ; elle peint l'amour avec plus de force, la tristesse avec plus d'expression, la douleur avec plus d'énergie que la voix de soprano.

Les soprani chantent comme les oiseaux, ils plaisent, charment, ravissent ; les contralti agitent, inquiètent, passionnent.

La voix de soprano est une pure voix de femme, elle en a les tendresses et les douceurs.

La voix de contralto est une véritable voix d'homme, elle en a la gravité, la rudesse, l'âpreté.

Et cependant c'est un timbre à part, qui participe de l'un et de l'autre, une voix hermaphrodite. Aussi ces voix s'emparent-elles de l'âme des spectateurs avec la rapidité et la force de l'électricité ou du magnétisme.

La voix de contralto est en quelque sorte l'écho des sentiments de l'auditeur.

Si celui qui écoute chantait, il voudrait bien certainement chanter ainsi.

C'était donc l'effet produit sur l'auditoire par la voix de Carmélite, douée d'une habileté peu commune, quoique purement instinctive, car elle connaissait peu les procédés des grands chanteurs à la mode. Carmélite unissait avec un bonheur étonnant la voix de tête à la voix de poitrine. L'union de ces deux voix était apparente, et un vieux maître eût été bien embarrassé de dire combien d'études avaient été nécessaires pour combiner les effets merveilleux de deux voix si contraires.

Carmélite, en effet, en grande musicienne qu'elle était, et sous l'œil de Colomban, avait étudié si laborieusement et si fermement les premiers principes de la musique, qu'elle n'avait besoin désormais que de se laisser aller pour séduire et pour électriser.

Si sa voix était belle, son goût était parfait.

Habituée, dès les premières leçons, aux sobriétés de la musique allemande, elle ne faisait qu'un usage fort modéré des fioritures italiennes, et ne s'en servait que pour augmenter l'expression d'un morceau ou pour relier une phrase à une autre, mais jamais comme agrément, jamais comme tour de force.

Nous finirons cette analyse du talent de Carmélite en disant que, bien différente en cela des plus grandes chanteuses de l'époque et même de toutes les époques, la même note, dans deux situations différentes de l'âme, n'avait point chez elle, pour ainsi dire, le même ton.

Que si maintenant quelqu'un s'étonne et nous taxe d'exagération, prétendant que nulle cantatrice, ayant eu pour maîtres Porpora, Mozart, Pergolèse, Weber ou même Rossini, n'est arrivée aux perfections de cette double voix, nous répondrons que Carmélite avait eu un maître bien autrement sérieux que ceux que nous venons de nommer, et qu'on appelle le malheur.

Aussi, à la fin du troisième couplet, ce fut un hurrah unanime, une frénésie inexprimable.

Les dernières notes ne s'étaient pas encore éteintes, plaintives et gémissantes comme le cri de la douleur elle-même, qu'un tonnerre d'applaudissements succéda à la dernière vibration. Jamais la coupole dorée de ce salon mondain n'avait retenti de bravos plus prolongés et plus sonores. Chacun se leva comme pour être le premier à complimenter, à féliciter l'artiste qui venait de le ravir. C'était une véritable fête, un entraînement unanime, tout ce que la *furia francese*, oublieuse du décorum peut autoriser.

On se précipitait vers le piano pour regarder de plus près cette jeune fille, belle comme la Beauté, puissante comme la Force, sinistre comme le Désespoir.

Les vieilles femmes qui enviaient sa jeunesse, les jeunes femmes qui enviaient sa beauté, toutes celles qui enviaient son talent incomparable, tous ceux qui se disaient qu'il y aurait presque une gloire à être aimé d'une pareille femme, s'approchaient d'elle, lui prenant la main et la lui serrant avec amour.

Et c'est ce qui fait l'art véritablement beau, véritablement grand, c'est que l'art fait en un instant un vieil ami d'un inconnu.

Mille invitations, comme les fleurs futures de sa renommée, tombèrent et s'éparpillèrent en un instant autour d'elle.

Le vieux général, qui s'y connaissait, nous l'avons dit, le vieux général, qui n'était pas facile à émouvoir, sentit couler ses larmes. C'était la pluie de l'orage qui avait gonflé son cœur en entendant chanter la sombre jeune fille.

Jean Robert et Pétrus s'étaient instinctivement rapprochés l'un de l'autre, et, dans la muette étreinte de leurs mains, ils s'étaient tacitement raconté leur poignante émotion, leur mélancolique ravissement.

Si Carmélite leur eût fait un signe de vengeance, ils eussent bondi sur cet insoucieux Camille, qui, ignorant ce qui s'était passé, avait écouté tout cela le sourire sur les lèvres, le lorgnon à l'œil, et criant de sa place : Brava ! brava ! brava ! comme il eût fait d'une stalle des Italiens.

Régina et Lydie, qui avaient compris tout ce que la présence du créole avait ajouté de douleur et d'expression à la voix de Carmélite, Régina et Lydie qui, pendant tout le temps que le chant avait duré, avaient tremblé qu'à chaque note le cœur de la chanteuse se brisât, Régina n'osait pas se retourner, Lydie n'osait pas relever la tête.

Elles étaient atterrées.

Tout à coup, à un cri d'effroi poussé par ceux qui entouraient Carmélite, toutes deux sortirent de leur torpeur et se retournèrent en même temps de son côté.

Carmélite, depuis sa dernière note pleurée, pâle, raide, immobile, venait de renverser sa tête en arrière, et chancelante, elle allait infailliblement tomber sur le parquet, si deux bras ne l'eussent soutenue, et si une voix amie ne lui eût dit tout bas.

— Courage, Carmélite, soyez fière. A partir de ce soir, vous n'avez plus besoin de personne.

Avant de fermer les yeux, Carmélite eut

le temps de reconnaître Ludovic, ce cruel ami qui l'avait rappelée à la vie.

Elle poussa un dernier soupir, secoua tristement la tête et s'évanouit.

Ce fut alors seulement que de ses yeux fermés on vit sourdre deux larmes, qui roulèrent sur ses joues glacées.

Les deux jeunes femmes la reçurent des bras de Ludovic, qui était entré pendant que Carmélite chantait, et qui, par conséquent, entré sans bruit et sans être annoncé, s'était trouvé là pour la recevoir dans ses bras.

— Ce n'est rien, dit-il aux deux amies, de pareilles crises lui font plus de bien que de mal. Faites-lui respirer ce flacon, dans cinq minutes elle sera revenue à elle.

Les deux amies, aidées du général, emportèrent Carmélite dans la chambre à coucher.

Le général, seulement, s'arrêta à la porte.

Une fois Carmélite disparue, et l'auditoire rassuré par les quelques paroles de Ludovic, l'enthousiasme, arrêté dans son cours, fit éruption de nouveau de toutes parts.

Et ce ne fut qu'un cri unanime d'admiration !

IX

Où les pétards de Camille font long feu.

L'évanouissement de Carmélite, grâce à l'assurance que donna, comme nous l'avons dit, Ludovic que l'accident n'aurait rien de sérieux, l'évanouissement de Carmélite, disons-nous, interrompit pendant quelques minutes seulement le plaisir que chacun venait de prendre, et se promettait de prendre encore à la soirée de madame de Marande.

Mais d'abord, avant de penser à autre chose, avant même de répondre aux premiers accords de l'orchestre, qui se faisait entendre dans les salons, on épuisa toutes les formes de compliment sur le talent de la future débutante. Chacun promit de la prôner dans son cercle, puis, peu à peu, attiré du boudoir dans les salons, chacun passa de la musique à la danse.

Le seul épisode digne d'être rapporté dans le mouvement qui se fit à cette occasion et que nous rapporterons, parce qu'il se lie tout naturellement à ce drame, ce fut le faux-pas que fit Camille de Rozan en adressant étourdiment la parole à des gens qui connaissaient à fond l'histoire de Carmélite.

Madame de Rozan, sa femme, jolie créole de quinze ans, avait été provisoirement accaparée par une douairière d'origine créole, qui se déclarait sa parente.

Camille, voyant sa femme en famille, avait profité de la circonstance pour redevenir garçon.

Il avait aperçu Ludovic, son ancien camarade, presque son ami, et aussitôt le calme rétabli à la suite de la sortie de Carmélite, dont il avait attribué l'évanouissement à la simple émotion, il s'était précipité vers le jeune docteur avec le vif engouement d'un étranger nouvellement arrivé qui retrouve une ancienne connaissance, et lui tendant la main :

— Par Hippocrate! s'était-il écrié, c'est monsieur Ludovic; bonjour, monsieur Ludovic; comment se porte monsieur Ludovic?

— Mal! répondit froidement le jeune médecin.

— Mal? répéta le créole ; mais vous avez le mois d'avril sur les joues...

— Qu'importe, monsieur, si j'ai le mois de décembre dans le cœur?

— Vous avez du chagrin?

— Plus que du chagrin, de la douleur.

— Une douleur ?

— Profonde.

— Mon Dieu, mon cher Ludovic, auriez-vous perdu un parent?

— J'ai perdu quelqu'un de plus cher qu'un parent.

— Qu'y a-t-il donc de plus cher qu'un parent?

— Un ami, attendu que c'est plus rare.

— Est-ce que je le connaissais?

— Beaucoup !

— Un de nos camarades de collége ?

— Oui !

— Ah ! le pauvre garçon, dit Camille avec une suprême indifférence, et comment s'appelait-il ?

— Colomban, répondit sèchement Ludovic en saluant Camille et en lui tournant le dos.

Camille fut près de sauter à la gorge de Ludovic, mais nous avons dit qu'il avait de l'esprit. Il comprit qu'il avait fait fausse route ; il pirouetta sur les talons, remettant sa colère à une meilleure occasion.

En effet, si Colomban était mort, Ludovic avait eu le droit de s'étonner que Camille ne fût pas plus attristé d'un pareil événement.

Mais comment pouvait-il être attristé de cet événement ? Il l'ignorait.

Pauvre Colomban ! si jeune, si beau, si fort, de quoi avait-il pu mourir ?

Il chercha des yeux Ludovic pour lui dire qu'il ignorait tout et lui demander des détails sur la mort de leur ami commun.

Mais Ludovic avait déjà disparu.

Tout en cherchant Ludovic, les regards de Camille tombèrent sur un jeune homme dont il crut reconnaître le visage sympathique. Seulement, il lui était impossible de mettre un nom sur ce visage. Il l'avait vu, il en était certain, il l'avait connu, il pensait en être sûr. Si c'était à l'École de Droit, ce qui était probable, ce jeune homme pourrait lui apprendre ce qu'il désirait savoir.

Il alla donc droit à lui.

— Pardon, monsieur, lui dit-il, j'arrive ce matin de la Louisiane, qui est à moitié chemin à peu près des Antipodes. J'ai fait naturellement deux mille lieues en mer, ce qui est cause qu'il me reste dans le cerveau une sorte de tangage et de roulis intellectuels qui m'ôte à la fois le discernement et la mémoire. Pardonnez-moi donc la question que je vais avoir l'honneur de vous adresser.

— Je vous écoute, monsieur, répondit assez poliment mais avec assez de sécheresse cependant celui auquel il s'adressait.

— Je crois, monsieur, reprit Camille, vous avoir vu dans plusieurs circonstances à mon dernier voyage à Paris, et, en vous revoyant, votre figure m'a frappé comme celle d'une vieille connaissance. Avez-vous plus de mémoire que moi et ai-je l'honneur d'être connu de vous ?

— Vous avez raison, je vous connais parfaitement, monsieur de Rozan, répondit le jeune homme.

— Ah ! vous saviez mon nom, s'écria joyeusement Camille.

— Comme vous voyez.

— Et me ferez-vous la joie de me dire le vôtre ?

— Je me nomme Jean Robert.

— Ah! c'est cela, Jean Robert. Parbleu! je savais bien que je vous connaissais, un de nos plus illustres poètes et l'un des meilleurs amis de mon camarade Ludovic, si je ne m'abuse.

— Qui était lui-même un des meilleurs amis de Colomban, répondit Jean Robert en saluant séchement le créole et en se retournant.

Mais Camille l'arrêta.

— Monsieur, par grâce, lui dit-il, vous êtes la seconde personne qui me parlez de la mort de Colomban, pourriez-vous me donner des détails sur cette mort?

Lesquels?

— Je désire savoir de quelle maladie Colomban est mort.

— Il n'est pas mort de maladie.

— Aurait-il donc été tué en duel?

— Non, monsieur, il n'a pas été tué en duel.

— Mais enfin de quelle mort est-il mort?

— Il s'est asphyxié, monsieur.

Et cette fois Jean Robert salua si froidement Camille, que celui-ci, tout entier d'ailleurs à son étonnement, ne songea pas à l'arrêter davantage.

— Mort! murmura Camille, mort asphyxié! Qui aurait pu croire cela de Colomban, lui si pieux! Ah! Colomban!

Et Camille leva les mains au ciel, en homme qui, pour croire la chose qu'on vient de lui dire, aurait besoin qu'on la lui répétât deux fois.

En levant les mains, Camille leva les yeux, et, en levant les yeux, il aperçut un jeune homme qui paraissait absorbé dans les plus profondes réflexions.

Il le reconnut pour un artiste qu'on lui avait montré pendant le trouble qui avait suivi l'évanouissement de Carmélite, comme un peintre des plus distingués. La figure de cet artiste exprimait la plus vive admiration.

En effet, c'était Pétrus, que l'effort sublime de Carmélite remplissait à la fois de tristesse et d'orgueil.

Les artistes avaient donc un autre cœur, les artistes avaient donc une autre âme, les artistes étaient donc des êtres privilégiés pour la douleur peut-être? Mais enfin, puisqu'ils triomphaient si royalement de la douleur, c'étaient des êtres à part.

Camille se trompa à l'expression du visage de Pétrus. Il le prit purement et simplement pour un dilettante en extase, et, allant à lui avec l'intention de lui faire un compliment des plus agréables.

— Monsieur, lui dit-il, si j'étais peintre, je ne choisirais pas d'autre expression de physionomie que la vôtre pour exprimer le ravissement d'un grand cœur en entendant la divine musique du grand maître.

Pétrus regarda Camille avec une froideur dédaigneuse et s'inclina sans répondre :

Camille continua :

— Je ne sais pas au juste jusqu'où va l'enthousiasme des Français pour la musique du divin Rossini, mais, dans nos colonies, elle fait fureur. C'est de la passion, de la frénésie, du fanatisme. J'ai un de mes amis, amateur de la musique allemande, qui a été tué en duel pour avoir dit que Mozart était supérieur à Rossini et qu'il préférait *les Nozze de Figarre* au *Barbier de Séville*. Pour moi, j'avoue que je suis partisan de Rossini et que je le mets à cent pieds au-dessus de Mozart. C'est mon opinion, et, au besoin, je le soutiendrais jusqu'à la mort.

— Ce n'était pas, je crois, l'opinion de votre ami Colomban, monsieur, répondit Pétrus en saluant froidement Camille.

— Ah! parbleu, s'écria Camille, puisque tout le monde s'est donné le mot ici pour me parler de Colomban, et que vous faites comme tout le monde, monsieur, vous me direz si c'est à cause du triomphe de Rossini sur Mozart qu'il s'est asphyxié.

— Non, monsieur, répondit Pétrus avec une suprême politesse, il s'est asphyxié parce qu'il aimait Carmélite et qu'il a préféré mourir à trahir son ami.

Camille jeta un cri et mit ses deux mains sur son front comme si un éblouissement passait sur ses yeux.

Pendant ce temps, Pétrus, comme avaient successivement fait Ludovic et Jean Robert, passa du boudoir dans le salon.

Au moment où Camille, un peu remis du choc qu'il venait d'éprouver, écartait ses mains de son visage et rouvrait les yeux, il vit devant lui, ce qui ne lui était pas encore arrivé depuis son entrée dans les salons de M. de Marande, un jeune homme de belle et hautaine tournure, qui se tenait prêt à l'aborder, quand lui-même serait prêt à soutenir cet abordage.

— Monsieur, lui dit le jeune homme, j'apprends que vous arrivez des colonies ce matin, et que pour la première fois, ce soir, vous avez été présenté à M. et madame de Marande. Voulez-vous me faire l'honneur de m'accepter pour parrain dans les salons de notre commun banquier et pour guide à travers les plaisirs de la capitale ?

Cet obligeant cicérone, c'était le comte Lorédan de Valgeneuse, qui ayant, dès son entrée, remarqué la jolie créole que venait d'importer en France Camille de Rozan, et qui, à tout hasard, essayait de se mettre bien avec le mari pour, le cas échéant, se mettre, s'il était possible, mieux encore avec elle.

Camille respira en rencontrant un homme qui échangeait dix paroles avec lui sans que le nom de Colomban fût mêlé à ces dix paroles.

Il va sans dire qu'il accepta avec empressement l'offre de M. de Valgeneuse.

Les deux jeunes gens s'engagèrent alors dans les salons de danse. On venait de jouer le prélude d'une valse.

Ils entrèrent juste au moment où la valse commençait.

La première personne qu'ils rencontrèrent en entrant dans le salon — on eût dit que son frère lui avait donné là rendez-vous, tant elle semblait attendre – fut mademoiselle Suzanne de Valgeneuse.

— Monsieur, dit Lorédan, permettez-moi de vous présenter à ma sœur, mademoiselle Suzanne de Valgeneuse.

Puis, sans attendre la réponse de Camille, que, du reste, on pouvait lire dans ses yeux :

— Ma chère Suzanne, dit le comte, je vous présente un nouvel ami, M. Camille de Rozan, gentilhomme américain.

— Oh! mais, dit Suzanne, votre nouvel ami, mon cher Lorédan, est pour moi une ancienne connaissance.

— Bah! et comment cela?

— Eh quoi! dit Camille avec une orgueilleuse joie, j'aurais l'honneur d'être connu de vous, mademoiselle?

— Oh! parfaitement, monsieur, répondit Suzanne. A Versailles, en pension où j'étais, il n'y a pas bien longtemps encore, j'étais étroitement liée avec deux de vos compatriotes.

En ce moment, Régina et madame de Marande, après avoir confié Carmélite qui, ainsi que l'avait prédit Ludovic, n'avait point tardé à sortir de son évanouissement, aux soins d'une femme de chambre, entraient dans la salle de bal.

Lorédan fit un signe imperceptible à sa sœur, signe auquel celle-ci répondit par un imperceptible sourire.

Et tandis que, pour la troisième fois de la soirée, Lorédan s'apprêtait à renouer, avec madame de Marande, la conversation toujours interrompue, Camille et mademoiselle de Valgeneuse, pour faire une plus complète connaissance, s'élançaient dans le vertigineux tourbillon de la valse et s'y perdaient au milieu d'un océan de gaze, de satin et de fleurs.

X

Comment était morte la Loi d'Amour.

Nous avons repris notre récit après une interruption d'un mois, mais nous nous apercevons que cette année 1827, pendant laquelle s'accomplit l'histoire que nous avons entrepris de raconter, est tellement pleine d'événements, qu'en enjambant aussi cavalièrement par-dessus trente jours, on laisse derrière quelqu'une de ces catastrophes qu'il est impossible de passer sous silence, attendu qu'elles doivent avoir un long et grave retentissement dans l'avenir.

On se rappelle le scandale qui s'était produit à l'enterrement de M. le duc de La Rochefoucault.

Comme quelques-uns des personnages qui tiennent le premier rang dans notre histoire y jouaient un rôle, nous avons essayé de raconter dans tous ses détails cette terrible scène où la police était arrivée au résultat qu'elle se proposait :

Arrêter M. Sarranti et tâter le degré de

résistance que pouvait opposer la population aux plus incroyables insultes qu'on puisse faire au cadavre d'un homme qu'elle entourait de son respect et de son amour.

Force était restée à la loi! comme on dit en terme gouvernemental.

— Encore une victoire comme celle-là, disait Pyrrhus, qui n'était point un roi constitutionnel, mais un tyran plein de sens, et je suis perdu !

C'est ce qu'aurait dû se dire Charles X après la triste victoire qu'il venait de remporter sur les marches de l'Assomption.

En effet, l'émotion produite avait été profonde, et cela, non-seulement sur la foule, dont le roi, momentanément du moins, était trop éloigné pour sentir le tressaillement à travers les différentes couches sociales qui le séparaient d'elle, mais sur la Chambre des pairs, dont il n'était séparé que par le tapis étendu sur les marches du trône.

Les pairs s'étaient sentis insultés, depuis le premier jusqu'au dernier, par l'insulte faite aux restes du duc de La Rochefoucault. Les plus indépendants avaient manifesté tout haut leur indignation : les plus *dévoués* l'avaient renfermée dans le fond de leur cœur, mais là elle bouillonnait au souffle de ce terrible conseiller qu'on appelle l'orgueil.

Tous attendaient une occasion de rendre, soit au ministère, soit même à la royauté, cette ruade immonde que la haute Chambre venait de recevoir de la police.

Le projet de *la Loi d'amour* allait leur fournir cette occasion.

Il avait été soumis à l'examen de MM. de Broglie, de Portalis, du Portal et de Le Bastard.

Nous avons oublié les noms des autres membres de la commission. Cela soit dit sans intention de blesser aucunement les honorables.

La commission d'examen, dès ses premières séances, avait paru loin d'être sympathique au projet,

Les ministres eux-mêmes commençaient à s'apercevoir, avec ce même effroi qu'éprouvent des voyageurs qui parcourent un pays inconnu en se trouvant tout à coup sur le bord d'un précipice, les ministres eux-mêmes, disons-nous, commençaient à s'apercevoir que, sous la question politique, qui paraissait la question principale, était cachée une question individuelle bien autrement grave.

La loi contre la liberté de la presse eût peut-être passé, en effet, si elle n'eût attenté qu'aux droits de l'intelligence. Qu'importaient les droits de l'intelligence à la bourgeoisie, cette suprême puissance de l'époque ? Mais la loi contre la liberté de la presse attentait aux intérêts matériels, question bien autrement vitale pour tous ces souscripteurs au Voltaire-Touquet qui lisaient le *Dictionnaire Philosophique* en prenant du tabac dans une tabatière à la Charte.

Ce qui leur ouvrait peu à peu les yeux, à ces pauvres aveugles à cent mille francs d'appointements, c'était que toutes les dispositions attentatoires à la liberté de la presse et aux intérêts de l'industrie étaient, contre toutes les prévisions, unanimement repoussées par la commission de la Chambre des pairs.

Alors ils commencèrent à craindre un rejet absolu.

Ce qui pouvait leur arriver de moins désagréable, c'est que le projet se présentât devant la Chambre avec de tels amendements, que ces amendements arrivassent à en détruire l'effet.

C'était un choix à faire entre une retraite, une défaite et peut-être une déroute.

Il y eut un conseil; chacun fit part à tous de ses appréhensions, et il fut convenu que la discussion serait remise à la prochaine session.

Dans l'intervalle, M. de Villèle se chargeait, par une de ces combinaisons qui lui étaient familières, de donner au ministère, dans la Chambre haute, une majorité aussi docile et aussi régulièrement disciplinée que celle dont il jouissait à la Chambre des députés.

Puis, sur ces entrefaites, se produisit un incident qui acheva de ruiner le projet de loi.

Le 12 avril, un des jours sur lesquels nous avons si cavalièrement enjambé, était l'anniversaire de la première rentrée de Charles X à Paris : 12 avril 1814.

Ce jour-là, la garde nationale faisait le service militaire de tous les postes des Tuileries, remplaçant ainsi toutes les autres troupes du palais.

C'était une faveur dont le roi récompensait le dévoûment de la garde nationale, qui, pendant plusieurs semaines, avait formé son unique garde. C'était enfin une marque de confiance qu'il donnait à la population de Paris.

Mais ce jour-là, chose qu'il n'avait pas été possible de prévoir, le 12 avril était tombé sur un Jeudi-Saint.

Or, le Jeudi-Saint, le roi Charles X, tout entier à ses dévotions, ne pouvait livrer son esprit à aucune préoccupation politique. On avait donc reporté le service de la garde du 12 au 16, du Jeudi-Saint au lundi de Pâques.

En conséquence, le 16 au matin, au moment de la garde montante, comme neuf heures sonnaient au pavillon de l'Horloge, le roi Charles X descendit le perron des Tuileries, en général de la garde nationale.

Il était accompagné de M. le dauphin et entouré d'un nombreux état-major.

Il arriva sur la place du Carrousel où se trouvaient réunis des détachements fournis par toutes les légions de la garde nationale, y compris la légion de cavalerie.

La figure du vieux roi était affable, ses manières courtoises. Ses fautes furent l'exagération de ses qualités.

Il était bon.

Parvenu devant le front de bataille de

la garde nationale, il salua selon son usage, avec cordialité et effusion.

Quelques rares cris de *Vive le roi!* répondirent à ce salut.

Bien que, dans ses promenades ordinaires, Charles X, dépopularisé peu à peu, non point par ses défauts personnels, mais par les erreurs de son gouvernement, qui avait adopté une politique anti-nationale, bien que, dans ses promenades ordinainaires, disons-nous, Charles X eût été habitué, depuis un an, à un accueil assez froid, encore provoquait-il de temps en temps, par les sourires et les saluts qu'il envoyait à la foule, de sympathiques acclamations.

Mais ce jour-là, l'accueil fut glacial. Nul élan, nul enthousiasme, quelques rares cris de : *Vive le roi!* timidement hasardés, à peine entendus et comme arrêtés en route.

Il passa la revue et quitta le Carrousel le cœur gonflé d'une tristesse amère, accusant de cet accueil de la foule non pas son système gouvernemental, mais les calomnies des journaux, mais les menées sourdes du parti libéral.

Plusieurs fois pendant la revue, il s'était retourné vers son fils comme pour l'interroger. Mais M. le dauphin avait le singulier avantage d'être distrait sans que son esprit fût ailleurs. M. le dauphin suivait machinalement son père, et, en rentrant au palais, M. le dauphin avait bien la conscience qu'il venait de faire une petite promenade à cheval, M. le dauphin se doutait bien qu'il venait de passer une revue, mais il est probable qu'il lui eût été impossible de dire quelle espèce de troupe venait de défiler devant lui.

Ce ne fut donc pas à M. le dauphin que le vieux roi, qui se sentait isolé dans sa grandeur, faible dans son droit divin, s'adressa, ce fut à un homme de soixante ans, portant l'uniforme de maréchal de France et le double cordon de Saint-Louis et du Saint-Esprit.

Cet homme, c'était une des vieilles gloires de la France.

C'était le soldat du régiment de Médoc,

c'était le chef de bataillon des volontaires de la Meuse, c'était le colonel du régiment de Picardie, c'était le conquérant de Trèves, le héros du pont de Manheim, le commandant des grenadiers réunis de la grande armée, le vainqueur d'Ostrolenka, l'homme de Wagram, de la Bérésina, de Bautzen, le major-général de la garde royale, le commandant en chef de la garde parisienne, c'était le mutilé de tous les combats auxquels il assistait, c'était celui dont le corps comptait vingt-sept blessures, cinq de plus que celui de César, et qui avait survécu à ses vingt-sept blessures.

C'était le maréchal Oudinot, duc de Reggio.

Il prit le vieux soldat sous le bras, et le tirant hors du cercle de courtisans qui attendaient son retour.

— Voyons, maréchal, lui dit-il, parlez-moi franchement.

Le maréchal regarda le roi avec étonnement, le silence et la froideur de la garde nationale ne lui avaient point échappé.

— Franchement, Sire ? demanda-t-il.

— Oui, je désire savoir la vérité.

Le maréchal sourit.

— Cela vous étonne qu'un roi désire savoir la vérité. On nous trompe donc bien nous autres, mon cher maréchal ?

— Mais, Sire, chacun fait de son mieux pour cela.

— Et vous ?

— Moi, je ne mens jamais, Sire !

— Alors vous dites la vérité ?

— J'attends qu'on me la demande.

— Et alors ?

— Que Votre Majesté m'interroge, et elle verra.

— Eh bien, maréchal, que dites-vous de la revue ?

— Froide !

— A peine si l'on a crié : *Vive le roi !* Avez-vous remarqué cela, maréchal?

— Je l'ai remarqué, Sire.

— J'ai donc démérité de la confiance et de l'affection de mon peuple ?

Le vieux soldat se tut.

— Ne m'entendez-vous pas, maréchal, demanda Charles X.

— Si fait, Sire, je vous entends.

— Eh bien ! je vous demande *si, à votre avis*, entendez-vous, maréchal, je vous demande si, à votre avis, j'ai démérité de la confiance et de l'affection de mon peuple?

— Sire !

— Vous m'avez promis la vérité, maréchal.

— Pas vous, Sire, mais vos ministres. Par malheur, le peuple ne comprend pas les subtilités de votre gouvernement constitutionnel, roi et ministres, il confond tout.

— Mais qu'ai-je donc fait? s'écria le roi.

— Vous n'avez pas fait, Sire, vous laissez faire.

— Maréchal, je vous jure que je suis plein de bonnes intentions.

— Il y a un proverbe, Sire, qui dit que l'enfer en est pavé !

— Voyons, maréchal, dites-moi tout ce que vous en pensez.

— Sire, dit le maréchal, je serais indigne des bontés du roi si... je... n'obéissais point à l'ordre qu'il me donne.

— Eh bien?

— Eh bien! Sire, je pense que vous êtes un bon et loyal prince, mais Votre Majesté est entourée et circonvenue par des conseillers ou aveugles ou ignorants, qui ne voient pas ou qui voient mal.

— Continuez, continuez.

— La voix publique vous dit, par ma voix, Sire, que votre cœur est véritablement français et que c'est dans votre cœur et non ailleurs qu'il faut lire.

— Alors on est mécontent.

Le maréchal s'inclina.

— Et à quel propos ce mécontentement

— Sire, la loi sur la presse blesse profondément et mortellement votre population.

— Vous croyez que c'est à cela que je dois la froideur d'aujourd'hui?

— Sire, j'en suis sûr.

— Alors un conseil, maréchal.

— Sur quoi, Sire?

— Sur ce que j'ai à faire.

— Sire, je n'ai pas de conseil à donner au roi.

— Si fait, quand j'en demande un.

— Sire, votre haute sagesse...

— Que feriez-vous à ma place? maréchal.

— C'est sur l'ordre du roi que je parle?

— Mieux que cela, duc, reprit Charles X avec une majesté qui ne lui faisait pas défaut dans certaines occasions, c'est sur ma prière.

— Eh bien! Sire, reprit le maréchal, faites retirer la loi; convoquez pour une autre revue la garde nationale tout entière, et vous verrez, par ses acclamations unanimes, quelle était la vraie cause de son silence d'aujourd'hui.

— Maréchal, la loi sera retirée demain. Fixez vous-même le jour de la revue.

— Sire, Votre Majesté veut-elle que ce soit pour le dernier dimanche du mois, c'est-à-dire pour le 29 avril ?

— Donnez les ordres vous-même, vous êtes commandant général de la garde nationale.

Le soir même, le conseil était réuni aux Tuileries, et malgré les résistances opiniâtres de quelques-uns, le roi exigeait le retrait immédiat de la *Loi d'amour*.

XI

Où Salvator s'y prend à temps et où M. Jackal s'y prend trop tard pour faire habiller ses hommes en gardes nationaux.

Les ministres, malgré les félicités qu'ils s'étaient promises à l'application de la loi, furent obligés de se soumettre à l'autorité souveraine. Le retrait de la loi, d'ailleurs, n'était qu'un acte de prudence, une mesure de précaution qui leur évitait un échec certain et décisif devant la Chambre des pairs.

Le lendemain de cette première revue, dont le roi avait si bien apprécié les effets, et le maréchal Oudinot si bien jugé la cause, l'auteur de la *Loi d'amour*, M. de Peyronnet, demanda la parole au commencement de la séance de la Chambre des pairs et lut à la tribune une ordonnance qui retirait le projet de loi.

Ce fut un immense cri de joie poussé dans les quatre coins de la France et par tous les journaux indistinctement, royalistes comme libéraux.

Le soir, Paris fut illuminé.

D'immenses colonnes d'imprimeurs parcoururent les rues et les places principales de la ville, aux cris de *Vive le roi! vive la Chambre des pairs! vive la liberté de la presse!*

Ces promenades, ce prodigieux concours de curieux qui encombraient les boulevarts, les quais, les rues latérales, affluant par toutes les grandes artères, jusqu'aux Tuileries, comme le sang afflue vers le cœur, les cris de cette foule, l'explosion des pétards lancés par les fenêtres, l'ascension enflammée des fusées volantes qui parsemaient le ciel d'étoiles éphémères, la prodigalité des lumières placées à tous les édifices autres que les édifices publics, tout ce bruit, tout cet éclat offraient un aspect de fête, un air de joie que ne présentent pas d'habitude les solennités officielles ordonnées par le gouvernement.

L'allégresse ne fut pas moindre dans les autres villes du royaume. Il semblait, non point que la France eût remporté une de ces victoires à laquelle elle est accoutumée, mais que chaque Français eût triomphé individuellement. Cette allégresse se manifestait en effet, non-seulement sous les formes les plus diverses, mais encore les plus individuelles. Chacun cherchait une manière personnelle de témoigner de sa joie.

Ici, c'étaient des chœurs nombreux qui stationnaient sur les places, ou parcouraient les rues en faisant entendre des chants nationaux.

Là, c'étaient des feux d'artifice improvisés qui se prolongeaient par toutes sortes de caprices populaires, ou des danses qui duraient toute la nuit.

Ailleurs, c'étaient des promenades aux flambeaux, exécutées, comme les courses antiques, à pied et à cheval.

Ailleurs encore, des arcs-de-triomphe, ou des colonnes chargées d'inscriptions.

Partout c'étaient des illuminations flamboyantes.

Celles de Lyon, surtout, furent remarquables.

— Les rives des deux fleuves, les principales places de la cité, les nombreuses terrasses de ses nombreux faubourgs se trouvèrent pour ainsi dire reliées par de longs cordons de feux que reflétaient les eaux du Rhône et de la Saône.

Marengo n'avait pas inspiré plus d'orgueil, Austerlitz plus d'enthousiasme.

C'est que l'une et l'autre de ces victoires n'étaient qu'un triomphe.

La chute de la *Loi d'amour* était à la fois un triomphe et une vengeance.

C'était un engagement pris vis-à-vis de la France de la débarrasser de ce ministère qui avait pris à tâche, à chaque session nouvelle, de détruire quelqu'une de

ces libertés promises, garanties, consa‑
crées.par le pacte fondamental.

Cette manifestation éclatante de la cons‑
cience publique, cette démonstration po‑
pulaire, cette allégresse spontanée du pays
tout entier à la nouvelle du retrait de la
loi, stupéfièrent les ministres, qui résolu‑
rent le même soir, au milieu de tout ce
bruit et de toutes ces rumeurs, de se rendre
en corps chez le roi.

Ils demandèrent à être introduits.

On chercha le roi.

Le roi n'était point sorti, et cependant
il n'était ni au grand salon, ni dans son
cabinet, ni chez M. le dauphin, ni chez
madame la duchesse de Berri.

Où était-il donc ?

Un valet de chambre dit qu'il avait vu le roi, suivi du maréchal Oudinot, s'acheminer vers l'escalier qui conduisait à la terrasse du pavillon de l'Horloge.

On monta cet escalier.

Deux hommes étaient debout, dominant tous ces cris, toutes ces rumeurs, toutes ces lumières se détachant en vigueur sur le globe lumineux de la lune et sur les nuages argentés qui passaient rapidement au ciel.

Ces deux hommes, c'étaient Charles X et le maréchal Oudinot.

On leur annonça la visite ministérielle.

Le roi regarda le maréchal.

— Que viennent-ils faire? demanda-t-il.

— Demander à Votre Majesté quelque mesure répressive contre la joie publique.

— Faites monter ces messieurs, dit le roi.

Les ministres, fort étonnés, suivirent l'aide-de-camp, à qui le valet de chambre transmit l'ordre du roi.

Cinq minutes après, le conseil était réuni sur la plate-forme du pavillon de l'Horloge.

Le drapeau blanc, le drapeau de Taillebourg, de Bouvines et de Fontenoy se déployait gracieusement selon les caprices de la brise.

On eût dit qu'il était tout fier d'entendre ces acclamations inaccoutumées.

M. de Villèle s'avança :

— Sire, dit-il, ému du danger que court Votre Majesté, je viens avec mes collègues...

Le roi l'arrêta.

— Monsieur, lui dit-il, votre discours était préparé, n'est-ce pas, avant de sortir de l'hôtel des finances ?

— Sire...

— Je ne refuse pas de l'entendre, monsieur, mais je demande que de cette plateforme qui domine Paris, vous regardiez et vous entendiez ce qui se passe.

Et le roi étendit la main vers cet horizon tout flamboyant d'illuminations.

— Alors, dit M. de Peyronnet, c'est notre démission que Sa Majesté demande ?

— Et qui vous parle de démission, monsieur ? je ne vous demande rien, je vous dis de regarder et d'écouter.

Il se fit un moment de silence, non pas dans la rue — la rue était au contraire, de moment en moment, plus bruyante et plus joyeuse — mais parmi les illustres observateurs.

Le maréchal se tenait à l'écart, le sourire du triomphe sur les lèvres.

Le roi, la main toujours étendue et se tournant successivement vers les quatre points cardinaux, dominait, grâce à sa haute taille qui, ayant fléchi sous le poids des années, se redressait cependant dans les grandes circonstances, le roi dominait tous ces hommes.

En ce moment, sa pensée, comme sa taille, les dépassait de toute la tête.

— Maintenant, parlez, monsieur de Vilèle, reprit le roi; qu'avez-vous à me dire?

— Rien, Sire, dit le président du conseil, et il ne nous reste qu'à présenter à Votre Majesté l'hommage de nos respects.

Le roi salua, les ministres se retirèrent.

— Décidément, maréchal, je crois que vous aviez raison, dit le roi.

Et il regagna ses appartements.

Au prochain conseil, le roi exposa aux ministres le désir qu'il avait de passer une revue le 29 avril.

C'était dans le conseil du 25 que le roi manifestait cette intention.

Les ministres essayèrent d'abord de combattre la volonté du roi, mais cette volonté était trop bien arrêtée pour céder aux mauvaises armes de l'intérêt personnel.

Alors, ils se rabattirent sur un détail;

c'était d'isoler les gardes nationaux des séditieux et des provocateurs qui ne manqueraient pas de les entourer.

Le lendemain, 26 avril, un ordre du jour faisait connaître :

« Que le roi ayant annoncé, à la parade du 16 avril, que pour donner une preuve de sa bienveillance et de sa satisfaction à la garde nationale, il avait l'intention de la passer en revue; cette revue aurait lieu au Champ-de-Mars, le dimanche 29 avril. »

C'était une grande nouvelle.

Dès la veille au soir, c'est-à-dire dès le 25, un ouvrier imprimeur, affilié aux sociétés secrètes, avait apporté à Salvator une épreuve de l'ordre du jour qui devai être imprimé le lendemain.

Salvator était fourrier dans la onzième légion.

On comprend pourquoi il avait accepté, sollicité même ce grade de fourrier. C'était un des mille moyens qu'employait l'actif carbonaro pour se mettre en contact avec les opinions populaires.

Cette revue était une occasion de tâter l'esprit public : Salvator ne la négligea point.

Plus de cinq cents ouvriers, dont il connaissait les ardentes opinions, avaient toujours refusé de faire partie de la garde nationale, motivant leur refus sur une dépense qu'ils n'étaient point en état de faire.

Quatre délégués, choisis par Salvator, visitèrent ces hommes à domicile. Chacun reçut cent francs, à la condition d'avoir son costume complet et son rang dans la compagnie, le dimanche 29.

On leur donna l'adresse de tailleurs appartenant à l'association. Chaque tailleur avait pris l'engagement de fournir le costume au jour fixé, et pour la somme de quatre-vingt-cinq francs.

Il restait quinze francs à chaque homme.

Il en fut fait autant dans les douze arrondissements.

Les maires, presque tous libéraux, étaient enchantés de cette démonstration. Ils ne firent aucune difficulté de remettre des fusils aux nouveaux gardes nationaux.

Cinq ou six mille hommes, qui huit jours auparavant ne faisaient pas même partie de la garde nationale, furent armés et habillés.

Tous ces hommes devaient obéir, non pas aux ordres de leurs colonels, mais au signal d'un chef, non point reconnaissable à un signe ostensible, mais à un signe secret.

Seulement, comme les plus avancés ne croyaient pas encore l'heure venue, il était ordonné de la part de la vente suprême de ne se porter à aucun acte d'hostilité.

De son côté, la police était sur pied et se tenait l'œil au guet, l'oreille à l'écoute.

Mais que faire contre des hommes qui s'empressent d'obéir aux ordres du roi?

M. Jackal incorpora dix hommes dans chaque légion, mais, comme il ne put s'y prendre que lorsqu'il eut connu le mouvement qui s'opérait, il se trouva qu'il s'y prit trop tard, et que les tailleurs de Paris avaient tant d'ouvrage, que la plupart des hommes de M. Jackal furent bien armés le dimanche, mais ne furent habillés que le lundi.

C'était trop tard!

XII

La revue du dimanche 29 avril.

Depuis le moment où l'ordre du jour, annonçant la revue pour le 29 avril, avait été publié jusqu'au jour de cette revue, on avait senti frisonner dans Paris un de ces sourds tressaillements qui précèdent et annoncent les orages politiques, nul ne pouvait dire ce que présageait cette espèce de fièvre, ni même qu'elle présageât quelque chose. Mais, sans savoir à quel vertige on était en proie, on se rencontrait, on se serrait la main, on se disait :

— Vous y serez ?

— Dimanche ?

— Oui ! je crois bien !

— N'y manquez pas ?

— Je n'ai garde.

Puis, on se serrait la main de nouveau : les maçons et les affiliés aux ventes avec le signe de leur société, les autres tout simplement, et l'on se quittait chacun en se disant à soi-même :

— Y manquer? ah! par exemple!

Pendant ces trois jours, les journaux libéraux ne firent que parler de cette revue, excitant les citoyens à s'y trouver et leur recommandant la prudence.

On sait ce que veulent dire ces recommandations venant de la plume d'ennemis.

Cela veut dire :

— Tenez-vous prêts à tout événément, car un événement est suspendu dans l'air et saisissez l'occasion.

Ces trois jours n'avaient point passé indifférents aux jeunes héros de notre histoire. Cette génération, qui est maintenant la nôtre, — est-ce un avantage ou une infériorité, — avait encore à cette époque la foi, perdue non point par elle, — elle est restée jeune de cœur, — mais par la génération qui l'a suivie, et qui est aujourd'hui celle des hommes de trente à trente-cinq ans.

Cette foi, c'est le vaisseau qui a fait naufrage dans les révolutions qui devaient éclater en 1830 et en 1848, et qui, à cette époque étaient encore cachées dans l'avenir comme un enfant, qui vit et qui tressaille déjà, est caché dans le sein de sa mère.

Chacun de nos jeunes amis avait donc

senti l'influence de ces trois jours, les uns activement, les autres passivement.

Salvator, un des chefs secrets et des chefs les plus influents du carbonarisme, cette religion de l'époque, âme des sociétés secrètes organisées non-seulement dans les départements, mais encore à l'étranger, Salvator avait, comme nous l'avons vu, contribué activement à renforcer les rangs de la garde nationale de cinq ou six mille patriotes qui, jusque-là, n'en avaient point fait partie. Ces patriotes étaient habillés, avaient des fusils, c'était le principal; les cartouches, il serait facile de s'en procurer; à un jour donné, à un moment convenu, on se retrouverait avec un uniforme et des armes.

Justin, simple voltigeur dans une compagnie de la onzième légion, Justin, qui avait jusque-là négligé ces relations passagères qu'une nuit passée au corps-de-garde, que deux heures passées en faction nouent entre deux citoyens, Justin, depuis qu'il avait vú dans la propagande carbonariste un moyen de renverser un gouvernement sous lequel un noble, appuyé sur un prêtre, pouvait impunément porter le trouble dans les familles, Justin s'était mis à faire de la propagande avec une activité d'autant plus grande qu'elle avait été jusque-là contenue, et, comme il était estimé, aimé, honoré même dans son quartier, à cause de ses vertus de famille, si bien connues, il était écouté comme un oracle par des gens, au reste, qui ne demandaient pas mieux que d'être convaincus et qui allaient eux-mêmes au-devant de la conviction.

Quant aux trois autres jeunes gens, Ludovic, Pétrus, Jean Robert, c'étaient de simples unités, mais agissant chacun sur un centre : Ludovic sur ses jeunes condisciples, les étudiants en droit et en médecine, dont il avait quitté les rangs depuis la veille à peine; Pétrus, sur toute cette jeunesse d'atelier, à cette époque, pleine de flamme artistique et de foi nationale; Jean Robert sur tout ce qui tenait une plume et qui, suivant un chef reconnu sur le terrain de l'art, était prêt à le suivre aussi sur tout autre terrain où il lui plairait de s'aventurer.

Jean Robert faisait partie de la garde nationale à cheval, Pétrus et Ludovic étaient lieutenants dans la garde nationale à pied.

Chacun, avec ses préoccupations d'art, de science ou d'amour, car tous ces jeunes cœurs-là étaient ouverts à tous les sentiments généreux, chacun, disons-nous, avait vu venir ce jour du 29 avril en éprouvant sa part de trépidation générale dont nous avons constaté la présence sans en pouvoir spécifier la cause.

La veille, sur la convocation de Salvator, il y avait eu réunion chez Justin. Là, Salvator, gravement et simplement, avait mis les quatre amis au courant de ce qui se passait. Il croyait à une démonstration pour le lendemain, mais pas à un mouvement. Il les priait de rester maîtres d'eux, et de ne rien faire de grave sans qu'ils eussent su de lui-même si le moment était venu.

Enfin le grand jour avait lui. C'était bien véritablement un dimanche, à en juger par l'aspect des rues de Paris; c'était plus qu'un dimanche, c'était un jour de fête.

Dès neuf heures du matin, les légions des divers arrondissements sillonnaient Paris, musique en tête, et étaient suivies, soit sur les trottoirs, soit sur les deux côtés des boulevards, par la population des divers quartiers qu'elles traversaient.

A onze heures du matin, vingt-mille gardes nationaux étaient rangés en bataille devant l'École-Militaire.

Ils avaient sous leurs pieds cette terre du Champ-de-Mars, si pleine de souvenirs, et qui avait été remuée par leurs pères dans ce grand jour de la Fédération, qui fit de la France une patrie et de tous les Français des frères.

Le Champ-de-Mars, c'est le seul monument qui soit resté de cette grande révolution, qui n'avait pas mission d'élever, mais de détruire.

Or, qu'avait-elle à détruire surtout? Cette vieille race des Bourbons, dont un membre osait, dans cet aveuglement qui est la maladie contagieuse des rois, venir fouler cette terre, plus brûlante que la lave du Vésuve, plus mouvante que les sables du Sahara.

Depuis plusieurs années, la garde nationale n'avait point été passée en revue. C'est un singulier esprit que celui de ces soldats citoyens.

Si on leur fait monter leur garde, ils murmurent; si on les dissout, ils s'insurgent.

La garde nationale, lasse de son inaction, avait donc répondu à l'appel qu'on lui avait fait.

Renforcée de six mille hommes vêtus à neuf, elle était au grand complet et magnifique de tenue.

Au moment où elle se rangeait en bataille, la face tournée vers Chaillot, c'est-à-dire du côté par lequel devait arriver le roi, trois cent mille spectateurs prenaient place sur les talus qui enceignent les terrains de manœuvre.

Chacun de ces trois cent mille spectateurs semblait, par ses regards approbateurs, par ses bravos prolongés, par ses vivat sans cesse renaissants, féliciter la garde nationale des soins qu'elle avait mis à représenter dignement la capitale et à remercier par sa présence le roi qui venait de se rendre au vœu général de la nation en retirant la loi fatale.

Car, il faut le dire, excepté dans le cœur de ces conjurés, qui reçoivent de leurs pères et qui transmettent à leurs enfants la grande tradition révolutionnaire fondée par les Swedemborg et les Cagliostro, il n'y avait, en ce moment, au Champ-de-Mars, dans Paris, en France, il n'y avait que reconnaissance et que sympathie pour Charles X.

Il eût fallu un œil bien pénétrant pour voir, à trois ans de distance, le 29 juillet à travers ce 29 avril.

Qui donnera le mot de ces grands revirements populaires qui, en quelques années, en quelques mois, en quelques jours souvent, renversent ce qui était élevé, élèvent ce qui était abattu ?

Le soleil d'avril, ce soleil encore jaune qui, le visage couvert de rosée, regarde avec l'amour d'un fiancé la terre, poétique et amoureuse Juliette se levant de son tombeau et, plis à plis, laissant tomber son linceul, le soleil d'avril brillait derrière le dôme des Invalides et allait favoriser la revue.

A une heure, les salves de canon et des cris lointains annoncèrent l'arrivée du roi, qui s'avançait à cheval, accompagné de M. le dauphin, du duc d'Orléans, du jeune duc de Chartres et d'une foule d'officiers-généraux.

La duchesse d'Angoulême, la duchesse de Berri et la duchesse d'Orléans suivaient en calèche découverte.

La vue de cet éclatant cortége fit courir

un frissonnement dans ce monde de spectateurs.

Quelle est donc la sensation qui, dans certains moments, effleure notre cœur de ses ailes de feu, nous fait tressaillir de la tête aux pieds, et, bonnes ou mauvaises, nous pousse aux choses extrêmes?

La revue commença. Le roi parcourut les premières lignes aux cris de *Vive la charte! Vive la liberté de la presse!* mais aux cris plus nombreux encore de *Vive le roi!*

On avait fait passer dans toutes les légions des avis qui recommandaient d'éviter toute manifestation qui pût blesser la susceptibilité royale. Celui qui écrit ces lignes était dans les rangs, ce jour-là, et un avis ainsi conçu demeura entre ses mains :

AVIS AUX GARDES NATIONAUX POUR FAIRE CIRCULER JUSQU'A LA DERNIÈRE FILE.

On a fait courir le bruit que les légions avaient le projet de crier : VIVE LE ROI! A BAS LES MINISTRES! A BAS LES JÉSUITES! *Ce ne peut être que des malveillants qui ont intérêt à voir la garde nationale sortir de son noble caractère.*

L'avis était plus prudent de forme qu'élégant de rédaction, mais, tel qu'il est, nous le consignons ici comme une pièce historique.

Pendant quelques minutes, au reste, on

put croire que l'avis serait ponctuellement suivi.

Sur tout le front de bataille, les seuls cris de : *Vive le roi ! Vive la liberté de la presse !* retentirent.

Mais au fur et à mesure que le roi pénétra dans les lignes, comme si sa présence forçait les cœurs de s'ouvrir, aux cris de : *Vive le roi ! Vive la liberté de la presse !* commencèrent de se mêler les cris de : *A bas les jésuites ! A bas les ministres !*

Le vieux roi à ces cris arrêta malgré lui son cheval. L'homme était rétif comme l'animal.

Les cris qui lui avaient déplu s'éteignirent.

Le sourire bienveillant qui faisait le fond de sa physionomie, un instant absent, reparut.

Il continua sa marche à travers les légions.

Mais, entre le troisième et le quatrième rang, les cris séditieux recommencèrent, quoique, les uns aux autres, les gardes nationaux, tout frémissants, se recommandassent la prudence.

Seulement, sans qu'ils sussent eux-mêmes comment cela se faisait, les cris de : *A bas les ministres! A bas les jésuites !* qu'ils faisaient tous leurs efforts pour renfermer dans leurs cœurs, s'échappaient malgré eux de leurs lèvres.

Il y avait dans les rangs de la garde nationale quelque chose comme un élément étranger, inconnu, électrique.

C'était l'élément populaire qui, sous l'influence des chefs carbonari, s'était mêlé pour ce jour-là à l'élément bourgeois.

Le roi fut de nouveau blessé dans son orgueil par ces cris, qui semblaient lui imposer une règle de conduite politique.

Il s'arrêta une seconde fois.

Il se trouva en face d'un garde national de haute taille et d'une force herculéenne. C'était bien le type que Barye eût choisi pour l'homme lion ou pour le lion peuple.

Cet homme, c'était notre ami Jean Taureau.

Il brandissait son fusil comme il eût fait d'un fêtu de paille en criant, lui qui ne savait pas lire :

— *Vive la liberté de la presse !*

L'énergie de cette voix, la vigueur de ce geste étonnèrent le vieux roi.

Il fit faire deux pas à son cheval et s'avança vers cet homme.

Lui, de son côté, fit deux pas hors des rangs. Il y a des organisations que le danger attire, et, toujours secouant son arme, il cria :

— *Vive la charte ! A bas les jésuites ! A bas les ministres !*

Charles X, comme tous les Bourbons, même Louis XVI, avait parfois une grande dignité.

Il fit signe qu'à son tour il avait quelque chose à répondre.

Ces vingt mille hommes se turent comme par enchantement.

— Messieurs, dit-il, je suis venu ici pour recevoir des hommages et non des leçons.

Puis, se retournant vers le maréchal Oudinot :

—Commandez le défilé, maréchal, dit-il.

Et mettant son cheval au galop, il quitta les rangs de la garde nationale, et alla prendre sa place sur le flanc et en avant de la masse épaisse et tumultueuse.

Le défilé commença.

Chaque compagnie en passant devant le roi poussa son cri.

La majorité de ces cris étaient ceux de : *Vive le roi !*

La figure de Charles X se rasséréna peu à peu.

Le défilé achevé :

— Cela aurait pu se mieux passer, dit le roi au maréchal Oudinot. Il y a eu quelques brouillons, mais la masse est bonne.

Au total, je suis satisfait.

Et l'on reprit au galop le chemin des Tuileries.

De retour au château, le maréchal s'approcha du roi.

— Sire, demanda-t-il, puis-je, dans un ordre du jour, faire mention de la satisfaction de Sa Majesté?

— Je n'y vois pas d'inconvénient, répondit le roi. Toutefois, je voudrais connaître les termes dans lesquels cette satisfaction sera exprimée.

Sur ce, le maître-d'hôtel annonça que

le roi était servi, et le roi, offrant le bras à madame la duchesse d'Orléans, le duc d'Orléans à la duchesse d'Angoulême, le duc de Chartres à la duchesse de Berri, on passa dans la salle à manger.

XIII

Ce qui se passait aux Tuileries et dans les rues de Paris tandis que M. Camille de Rozan et mademoiselle Suzanne de Valgeneuse valsaient au bal de madame de Marande.

Tandis que Charles X manifestait au maréchal cette bonne intention, les gardes nationaux revenaient dans leurs quartiers.

Mais avant de revenir dans leurs quartiers, ils avaient commenté la réponse de Charles X à Barthélemy Lelong.

— Je suis venu ici pour recevoir des hommages et non des leçons.

On avait trouvé la maxime un peu bien aristocratique pour le lieu où elle avait été dite.

Charles X, en prononçant ces paroles, se trouvait juste à la place où s'élevait, trente-sept ans auparavant, cet autel de la patrie où Louis XVI avait prêté serment à la constitution française.

Il est vrai que Charles X, alors comte d'Artois, n'avait pas vu cet autel, n'avait pas entendu ce serment, attendu qu'il était parti pour l'étranger dès 1789.

Il en résultait qu'à peine le roi avait-il

quitté le champ de manœuvre, les cris contenus jusque-là avaient éclaté, et le Champ-de-Mars tout entier avait semblé tressaillir sous un hurrah universel de colère et d'imprécations.

Mais ce ne fut pas le tout. Chaque légion, en reprenant le chemin de son arrondissement, emporta avec elle une certaine somme d'animation puisée au foyer général, et qu'elle répandit en cris tout le long de son chemin.

Si ces cris n'eussent point eu d'échos dans la population, ils se fussent bientôt éteints comme un brasier sans aliment. Mais tous, au contraire, ils semblaient n'être que des étincelles tombant sur des foyers tout prêts à s'enflammer.

Les cris étaient répercutés dans la foule comme un écho grossi. Les hommes, sur les portes, secouaient les chapeaux ; les femmes, aux fenêtres, secouaient leurs mouchoirs en hurlant, non plus *Vive le roi ! Vive la liberté de la presse !* mais *Vive la garde nationale ! A bas les jésuites ! A bas les ministres !* On avait passé de l'enthousiasme à la protestation, on passait de la protestation à l'émeute.

Mais c'était bien pis pour les légions qui, revenant par la rue de Rivoli et par la place Vendôme, avaient à passer devant le ministère des finances et devant le ministère de la justice.

Là, ce ne furent plus des cris, mais des vociférations. Malgré l'ordre donné par les colonels de continuer le chemin, les légions firent halte, les crosses de fusil frappèrent bruyamment le pavé, et les hurlements : *A bas Villèle ! A bas Peyronnet !* ébranlèrent les vitres des deux hôtels.

Un ou deux colonels, après avoir réitéré l'ordre de continuer la marche, voyant qu'ils n'étaient point obéis, s'étaient retirés en protestant.

Mais les autres officiers étaient restés, et, loin de chercher à calmer leurs soldats, atteints par l'hallucination générale, ils criaient comme les autres, quelques-uns plus fort que les autres.

La démonstration était grave ; ce n'était plus une masse populaire, un ramas de faubouriens, un rassemblement d'ouvriers, c'était un corps constitué, une puissance politique, c'était la bourgeoisie et le peuple tout entier de France qui protestait par la bouche de vingt mille hommes armés.

Les ministres dînaient en ce moment chez l'ambassadeur d'Autriche, M. d'Appony. Avertis par la police, ils se levèrent de table, demandèrent leurs voitures, et se réunirent au ministère de l'intérieur.

De là, on se rendit en corps aux Tuileries.

Des fenêtres de son cabinet, le roi aurait pu voir ce qui se passait et se rendre compte de la gravité de la situation. Mais le roi, lui aussi, dînait dans le salon de Diane, et aucun bruit n'arrivait jusqu'aux illustres convives.

Le roi Louis-Philippe n'était-il pas, lui aussi, en train de déjeûner lorsqu'on lui annonça, en 1848, que les corps-de-garde de la place Louis XV étaient pris ?

Les ministres attendirent dans la salle du conseil les ordres du roi, que l'on alla prévenir de leur arrivée au château.

Le roi fit un signe de tête et resta à table.

La duchesse d'Angoulême, inquiète, interrogeait des yeux le dauphin et son père.

Le dauphin passait machinalement un

cure-dents entre ses dents, mais il ne voyait ni n'écoutait.

Charles X répondit par un signe de tête et un sourire qui signifiaient qu'il ne fallait pas s'inquiéter.

Et en effet, le dîner ne fut pas interrompu.

Vers huit heures, on quitta la salle à manger et l'on rentra dans les appartements.

Le roi, en courtois chevalier qu'il était, conduisit la duchesse d'Orléans jusqu'à son fauteuil, et s'achemina vers la salle du conseil.

Sur son chemin, il trouva la duchesse d'Angoulême.

— Qu'y a-t-il donc, Sire ? demanda-t-elle.

— Mais rien, je suppose, répondit le roi.

— Les ministres attendent, dit-on, le roi dans la salle du conseil.

— On est venu me prévenir pendant le dîner de leur présence au château.

— Y aurait-il du bruit dans Paris ?

— Je ne crois pas !

— Le roi pardonnera-t-il à mon inquiétude si je vais m'enquérir près de lui du point où en sont les choses ?

— Envoyez-moi le dauphin.

— Que le roi me pardonne si j'insiste, j'aimerais mieux moi-même.

— Eh bien, dans un instant, venez.

— Le roi me comble.

La duchesse salua, puis, prenant M. de Damas, s'enfonça avec lui dans l'embrasure d'une fenêtre.

M. le duc de Chartres et madame la duchesse de Berri causaient ensemble avec l'insouciance de la jeunesse. M. le duc de Chartres avait seize ans, madame la duchesse de Berri vingt-six.

M. le duc de Bordeaux, enfant de cinq ans, jouait aux pieds de sa mère.

M. le duc d'Orléans, appuyé à la cheminée, insoucieux en apparence, prêtait l'oreille au moindre bruit, et, de temps en temps, passait son mouchoir sur son front, — trahissant, par ce seul mouvement, l'agitation intérieure qui le dévorait.

Pendant ce temps, le roi Charles X entrait dans la salle du conseil.

Les ministres étaient debout et fort agités.

Cette agitation se manifestait sur les visages selon le tempérament.

M. de Villèle était aussi jaune que si la bile lui fût passée dans le sang.

M. de Peyronnet était rouge comme s'il était menacé d'une apoplexie foudroyante.

M. de Corbière était couleur de cendre.

— Sire... dit M. de Villèle.

— Monsieur, dit le roi, faisant remarquer au ministre qu'il oubliait l'étiquette à ce point de lui parler le premier, vous ne me laissez pas le temps de vous demander des nouvelles de votre santé et de celle de madame de Villèle.

— C'est vrai, Sire, mais cela tient à ce que, pour moi, les intérêts de Sa Majesté passent avant ceux de son humble serviteur.

— Alors, vous venez me parler de mes intérêts, monsieur de Villèle ?

— Sans doute, Sire.

— Je vous écoute.

— Votre Majesté sait ce qui se passe? demanda M. de Villèle.

— Il se passe donc quelque chose? répondit le roi.

— Votre Majesté nous a invités l'autre jour à écouter les cris de joie du peuple parisien?

— Oui !

— Le roi nous autorise-t-il à lui faire entendre aujourd'hui ses cris de menace ?

— Où faudra-t-il aller pour cela ?

— Oh ! pas bien loin, il suffira d'ouvrir cette fenêtre. Le roi permet-il...

— Ouvrez.

M. de Villèle fit jouer l'espagnolette, et la fenêtre s'ouvrit.

Avec l'air du soir, qui fit vaciller les bougies, s'engouffra un tourbillon de bruits confus.

C'étaient tout à la fois des cris de joie

et des cris de menace, de ces rumeurs qui courent au-dessus des villes en émoi, dont on ne peut saisir les intentions, et qui deviennent d'autant plus effrayantes que l'on comprend qu'elles renferment l'inconnu.

Puis, au milieu de tout cela, éclataient comme un tonnerre de malédictions, les cris :

A bas Villèle ! A bas M. de Peyronnet ! A bas les jésuites !

— Ah ! ah ! dit le roi en souriant, je connais cela. Vous n'étiez pas à la revue ce matin, messieurs.

— J'y étais, moi, Sire, dit M. de Peyronnet.

— Ah! c'est vrai, je crois vous avoir aperçu à cheval avec l'état-major.

M. de Peyronnet s'inclina.

— Eh bien! c'est la continuation du Champ-de-Mars, reprit le roi.

— C'est une audace qu'il faut réprimer, Sire, s'écria M. de Villèle.

— Vous dites? monsieur... demanda froidement le roi.

— Je dis, Sire, reprit le ministre des finances rappelé aux sentiments de son devoir, je dis qu'à mon avis les insultes qui attaquent le ministère attaquent le roi. Je venais donc demander au roi quel était son bon plaisir à l'endroit de ce qui se passe.

— Messieurs, dit le roi, ne vous exagérez-vous point, je ne dirai pas le danger, je ne crois pas que je coure aucun danger au milieu de mon peuple, et je suis sûr que je n'aurais qu'à me montrer pour changer tous ces divers cris en un seul, celui de *Vive le roi!*

— Oh! Sire, dit derrière Charles X une voix de femme, j'espère que le roi ne commettra pas l'imprudence de sortir.

— Ah! vous voilà, madame la dauphine?

— Le roi ne m'a-t-il pas permis de venir le rejoindre?

— C'est vrai! Eh bien, messieurs, que me proposez-vous à l'endroit de ce qui se passe, comme vous disiez tout à l'heure, monsieur le ministre des finances?

— Sire, vous savez qu'au nombre des cris proférés sont les cris : *A bas les prêtres!* dit la duchesse d'Angoulême.

— Ah! bah! vraiment? J'avais bien entendu crier : *A bas les jésuites...*

— Eh bien, Sire, dit la dauphine.

— Ce n'est pas tout à fait la même chose, ma chère fille. Demandez plutôt à monseigneur l'archevêque. Voyons, monsieur de Freyssinous, parlez-nous franchement : croyez-vous que les cris : *A bas les jésuites!* s'adressent au clergé?

— Je fais une différence, Sire, répondit l'archevêque, homme d'un caractère doux et d'un esprit droit.

— Moi, dit la dauphine, en serrant ses lèvres minces, j'avoue que je n'en fais point.

— Allons, messieurs, dit le roi, prenez place et parlez chacun sur la question.

Les ministres s'assirent et la discussion commença.

FIN DU DIX-SEPTIÈME VOLUME.

TABLE

Des chapitres du dix-septième volume.

		Pages
Chap. I.	Communion d'âmes.	1
— II.	Informations utiles.	19
— III.	Le spectre.	67
— IV.	Soirée à l'hôtel de Marande.	93
— V.	Où il est question de Carmélite	115
— VI.	Séduction.	137
— VII.	Carmélite.	159
— VIII.	La romance du Saule.	181
— IX.	Où les pétards de Camille font long feu.	207
— X.	Comment était morte la Loi d'Amour	229
— XI.	Où Salvator s'y prend à temps et où M. Jackal s'y prend trop tard pour faire habiller ses hommes en gardes nationaux.	253
— XII.	La revue du dimanche 29 avril	271
— XIII.	Ce qui se passait aux Tuileries et dans les rues de Paris tandis que M. Camille de Rozan et mademoiselle Suzanne de Valgeneuse valsaient au bal de madame de Marande.	295

Fin de la table du dix-septième volume.

Fontainebleau. —Imp. de E Jacquin.

Ouvrages du marquis de Foudras.

Un Drame en famille	5 vol.
Un Grand Comédien	3 vol.
Le Chevalier d'Estagnol	6 vol.
Diane et Vénus	4 vol.
Jacques de Brancion	5 vol.
Madame de Miremont	2 vol.
Lord Algernon	4 vol.
La comtesse Alvinzi	2 vol.
Un Capitaine du Beauvoisis	4 vol.
Madeleine repentante	4 vol.
Le Capitaine Lacurée	4 vol.
Les Gentilshommes chasseurs	2 vol.
Suzanne d'Estouville (format Charpentier)	2 vol.
Tristan de Beauregard (idem)	1 vol.
Un Caprice de grande dame (idem)	3 vol.
Un amour de vieillard	3 vol.
Les veillées de Saint Hubert	2 vol.

Sous presse :

Le dernier roué	2 vol.

Ouvrages de Xavier de Montépin.

Confessions (les) d'un Bohême	5 vol
Vicomte (le) Raphaël	5 vol.
Les Oiseaux de nuit	3 vol.
Les Chevaliers du lansquenet	10 vol.
Les Viveurs d'autrefois	4 vol.
Le Loup Noir	2 vol.

Fontainebleau, imprimerie de E. Jacquin.

www.ingramcontent.com/pod-product-compliance
Lightning Source LLC
Chambersburg PA
CBHW060411170426
43199CB00013B/2090